Hanna Behnke
**Hamburger Küche:
Vorspeisen, Suppen und Salate**

SEVERUS

Behnke, Hanna: Hamburger Küche: Vorspeisen, Suppen und Salate
Hamburg, SEVERUS Verlag 2013
Nachdruck der Originalausgabe von 1923

ISBN: 978-3-86347-456-0
Druck: SEVERUS Verlag, Hamburg, 2013

Der SEVERUS Verlag ist ein Imprint der Diplomica Verlag GmbH.

Bibliografische Information der Deutschen Nationalbibliothek:
Die Deutsche Nationalbibliothek verzeichnet diese Publikation in der Deutschen Nationalbibliografie; detaillierte bibliografische Daten sind im Internet über http://dnb.d-nb.de abrufbar.

© **SEVERUS Verlag**
http://www.severus-verlag.de, Hamburg 2013
Printed in Germany
Alle Rechte vorbehalten.

Der SEVERUS Verlag übernimmt keine juristische Verantwortung oder irgendeine Haftung für evtl. fehlerhafte Angaben und deren Folgen.

seVerus

WARME VORGERICHTE

gibt man bei einem Diner gewöhnlich nach der Suppe, kalte Vorgerichte vor der Suppe; sie sind dazu bestimmt, den Appetit zu reizen. Bei einer größeren Tafel, die auf Güte Anspruch machen will, müssen ein warmes und ein kaltes Vorgericht vorhanden sein. Sie bestehen aus verschiedenem Fleisch von zahmem und wildem Geflügel, von Fischen, Austern, Krebsen, Hummern, aus geräucherten und marinierten Fischen, aus Pasteten, Croquettes und gefüllten Brötchen.

Schweizer Eier für 6 Personen. Man rechnet à Person 1 Ei. Für 6 Eier folgende Tunke: ½ Kochl. Mehlschwitze rührt man mit ¼ Ltr. Fleischbrühe oder Wasser aus, kocht 2 Tomaten in dieser Tunke in 5 Minuten weich, gießt sie durch ein Sieb, 1 Teel. Zitronensaft, 1 Teel. Kapern oder 2 feingehackte Pfeffergurken oder 1 feingehackte Trüffel daran. Nun füllt man die Hälfte der Tunke in 6 kleine Kasserollen, schlägt ein ganzes Ei dazu und füllt die übrige Tunke über die Eier. Über jedes Ei streut man 1 Teel. geriebenen Schweizerkäse, obenauf legt man ½ Teel. Butter. Nun stellt man die Näpfe in eine Pfanne oder flachen Topf, gießt bis zur Hälfte kochendes Wasser hinein, stellt sie 10 Minuten in den heißen Ofen. Sollte sich in dieser Zeit keine Kruste bilden, so hält man eine Schaufel mit glühenden Kohlen über die Eier. Frühstücksgericht.

Zutaten: 6 Eier, ½ Kochl. Mehlschwitze, ¼ Ltr. Fleischbrühe od. Wasser, 2 Tomaten, 1 Teel. Zitronensaft, 1 Teel. Kapern, 2 feingehackte Pfeffergurken oder 1 feingehackte Trüffel, 6 Teel. geriebener Schweizerkäse, 3 Teel. Butter.

Käsepudding mit Erbsen für 6 Personen. 6 Eidotter rührt man mit 125 Gr. geriebenem Schweizer- oder Parmesankäse 10 Minuten, dann gibt man den festen Schnee der Eier dazu und ¼ Ltr. Rahm oder Milch. 2½ Kilo ausgepalte Erbsen setzt man mit ¼ Ltr. kochendem Wasser, einer Messerspitze Natron an und kocht sie 30 Minuten. Das Wasser muß vollständig verkocht sein in dieser Zeit. Nachdem die Erbsen etwas abgekühlt sind, schüttet man sie an die Eimasse und gibt 65 Gr. feingehackten gekochten Schinken oder Rauchfleisch dazu. Ist alles gut verrührt, so schüttet man die Masse in eine gut ausgestrichene, mit Mehl ausgestäubte Puddingform und stellt diese in einen Topf mit kochendem Wasser. Fest zugedeckt kocht man den Pudding 40 Minuten im nicht zu heißen Ofen. Beim Anrichten füllt man eine Tomaten- oder Champignontunke über den gestürzten Pudding.

Zutaten: 6 Eier, 125 Gr. geriebener Schweizer- oder Parmesankäse, ¼ Ltr. Rahm oder Milch, 2½ Kilo Palerbsen, ¼ Ltr. koch. Wasser, eine Messerspitze Natron, 65 Gr. feingehackter gekocht. Schinken oder Rauchfleisch.

Schnepfen-Pastetchen. Bei diesen ist die Bereitungsart nach der Vorschrift der nachfolgenden Pasteten; man nimmt für 12 Personen 18 Pasteten, 8 Bekassinen oder 3 Schnepfen und 65 Gr. Geflügelleber. Den Pastetenteig siehe unter Blätterteig.

Zutaten: 14 Krammetsvögel, 65 Gr. Geflügelleber, 18 Pasteten.

Pasteten mit Krammetsvögeln für 12 Personen. (Siehe unter Salmi von Krammetsvögeln.) Die Pasteten stellt man 10 Minuten vor dem Anrichten in den nicht zu heißen Ofen. Das Salmi darf nicht kochen, man stellt es 30 Minuten vor dem Anrichten in einen Topf mit heißem Wasser. Die Brüste legt man oben auf jede Pastete.

Zutaten: 18 kleine Pasteten, 18 Krebse, 250 Gr. frische Champignons, 3 Karpfen, Milchner, ½ Kalbsschweser, 3 Sardellen, 65 Gr. Butter, 190 Gr. Kaviar, 1 Kochl. Mehl, ¼ Ltr. Kalbfleischbrühe, 1 Eidotter.

Pasteten nach schwedischer Art für 12 Personen. 18 kleine Pasteten (siehe unter Blätterteigpasteten) werden 10 Minuten vor dem Anrichten in den nicht zu heißen Ofen gestellt, dann mit nachfolgendem kleinen Ragout gefüllt. 18 Krebse, 250 Gr. frische Champignons, 3 Karpfen, Milchner, ½ Kalbsschweser, 3 gewässerte, von der Gräte befreite, in Würfel geschnittene Sardellen. Man bereitet von den Krebsschalen mit 65 Gr. Butter rote Krebsbutter. Diese schwitzt man im Topfe mit 1 Kochl. Mehl unter Rühren 1—2 Minuten, gibt dann ¼ Ltr. Kalbfleischbrühe dazu, quirlt die Tunke mit 1 Eidotter ab und gibt nach Geschmack Salz dazu. Sämtliche Zutaten schneidet man in Würfel und legt diese in die fertige Tunke; die Krebsschwänze legt man beim Anrichten oben auf. Das Ragout stellt man zum Heißwerden 30 Minuten vor dem Anrichten in einen Topf mit heißem Wasser. — Man richtet die Pasteten auf einer Serviette an, legt auf den Rand der Serviette geröstete Brötchen, die man mit Kaviar bestreicht.

Zutaten: 18 Pasteten, 1 Fasan, 65 Gr. Trüffeln, 65 Gr. Hahnennieren, 6 Geflügellebern, 1 Kochl. Mehlschwitze, 125 Gr. Fleischbrühe, ½ Teel. Liebig.

Ragout nach anderer Art für 18 Personen. 18 Pastetenkörbchen (siehe unter römische Pasteten) stellt man 10 Minuten vor dem Anrichten in den nicht zu heißen Ofen. Dann füllt man nachstehendes Ragout in dieselben. Das Brustfleisch eines kleinen gebratenen Fasans, 65 Gr. Trüffeln, 65 Gr. Hahnennieren, 6 in Butter geröstete Geflügellebern, sämtliche Zutaten werden in Würfel geschnitten. 1 Kochl. Mehlschwitze rührt man mit ¼ Ltr. dunkler Brühe glatt (diese kocht man aus den Knochenresten vom Fasan). Die Trüffeln läßt man in dieser Tunke 5 Minuten langsam dämpfen, ½ Teel. Liebig erhöht den Geschmack; die Zutaten läßt man in der Tunke 30 Minuten vor dem Anrichten heiß werden. Man stellt den Topf zu diesem Zweck in heißes Wasser. Läßt man das Ragout auf der Herdplatte kochen, wird es unansehnlich und geschmacklos.

Kiebitzeier mit warmen Schinkenbrötchen. Man rechnet auf die Person 1—2 Eier. Diese werden vorsichtig mit reichlich kaltem Wasser gewaschen, dann bedeckt mit lauwarmem Wasser angesetzt, langsam ins Kochen gebracht und 8 Minuten ohne Deckel gekocht. Dann richtet man sie in einem Nest von frischer Kresse an und gibt geröstetes Brot, frische Butter und Schinkenbrötchen (siehe unter Schinkenbrötchen) dazu.

Pastetchen mit Gänseleber-Trüffel für 12 Personen. Die Gänseleberdose wird geöffnet, dann in kochendes Wasser gestellt, damit sich die Butter löst. Hiernach stürzt man die Leber auf einen Teller, zerschneidet sie in Würfel. 1 Kochl. Mehlschwitze rührt man mit ¼ Ltr. dunkler Kraftbrühe aus, 2 Eßl. Madeira gibt man dazu, dann läßt man die Trüffeln in dieser Tunke 5 Minuten langsam kochen, gibt die Leber hinzu. Man stellt das Ragout 30 Minuten vor dem Anrichten in einen Topf mit heißem Wasser. Durch unnötiges Rühren wird das Ragout unansehnlich. Die fertigen Pasteten werden 10 Minuten vor dem Anrichten erwärmt, dann gefüllt.

Zutaten: 18 Pasteten, 250 Gr.-Dose Gänseleber, 1 Kochl. Mehlschwitze, ¼ Ltr. dunkle Kraftbrühe, 1 Messerspitze Liebig, 125 Gr. Trüffeln, 2 Eßl. Madeira.

Möweneier serviert man ebenso. — Sie sind im Einkauf billiger.

Rührei mit Trüffeln und geräuchertem Lachs für 6 Personen. 65 Gr. Trüffeln werden gröblich gehackt. ½ Kochl. Mehlschwitze rührt man mit ½ Ltr. brauner, kräftiger Fleischbrühe glatt, läßt dieses 5 Minuten mit den Trüffeln langsam kochen, mischt dann 125 Gr. in Würfel geschnittenen geräucherten Lachs unter die Trüffeln und stellt dieses 10 Minuten vor dem Anrichten in heißes Wasser. 2 ganze Eier und 6 Eidotter schlägt man 5 Minuten, gibt 1 Eßl. weiche Butter, 2 Eßl. süßen Rahm und ½ Teel. Salz dazu und bereitet hiervon Rührei. ¼ von der Trüffel- und Lachsmasse mischt man rasch unter das fertige Rührei, richtet es auf einer erwärmten Platte an und füllt in die Mitte die übrige Trüffelmasse. Außenherum legt man in Butter geröstete Brotschnittchen oder Leberbrötchen. Das Gericht muß sogleich serviert werden; durch langes Stehen wird der Lachs geschmacklos.

Zutaten: 65 Gr. Trüffeln, 125 Gr. geräuch. Lachs, 2 ganze Eier, 6 Eidotter, 1 Eßl. Butter, 2 Eßl. Rahm, ½ Teel. Salz, ½ Kochl. Mehlschwitze, ⅛ Ltr. Fleischbrühe.

Schnittchen à la Douglas für 10 Personen. Man sticht mit einem großen Eierbecher 24 Brotschnitten aus, röstet diese goldgelb in Butter und belegt sie mit heißen Markscheiben (siehe unter Markbrötchen). Auf das Mark legt man 1 rohe holländische Auster, auf dieselbe ½ Teel. feinsten Kaviar.

Italienischer Pfannkuchen für 4 Personen. Man gibt das Gericht bei einem Frühstück und verwendet hierzu Fleischreste. 125 Gr. Fleischrest ist in Würfel zu schneiden, ½ Kochl. Mehlschwitze mit ¼ Ltr. Fleischbrühe auszurühren, dann der Inhalt von 65 Gr. Trüffeln, die man vorher gehackt, dazuzugeben und die Tunke 5 Minuten zu kochen. Endlich tut man ½ Teel. Salz und das Fleisch dazu. Man backt 2 Pfannkuchen (siehe unter Pfannkuchen). Auf den Boden einer Gratinplatte legt man einen Pfannkuchen, füllt dann das Fleisch mit der Tunke dazu und legt über das Ganze den zweiten Pfannkuchen.

Zutaten: 125 Gramm Fleischrest, ½ Kochl. Mehlschwitze, ¼ Ltr. Fleischbrühe, 65 Gr. Trüffeln, ½ Teel. Salz, 65 Gr. Schweizerkäse, 1 Teel. Butter.

Über das Ganze streut man 65 Gr. geriebenen Schweizerkäse und legt oben auf einen Teel. Butter. Nun bäckt man das Gericht 10 Minuten vor dem Anrichten im heißen Ofen.

Zutaten: ½ Ltr. Wasser, 2 Eßl. Essig, 1 ganzes Ei.

Verlorene Eier auf geröstetem Brot mit Krebstunke. Frühstücksgericht. Hierzu müssen die Eier besonders frisch sein. ½ Ltr. Wasser bringt man mit 2 Eßl. Essig ins Kochen. Dann schlägt man ein ganzes Ei schnell in einen Löffel, den man in das heiße Essigwasser hält; den Löffel hält man 6 Minuten an den Rand des Topfes, indem man das Ei einmal umlegt. Das Wasser darf nur langsam kochen. Man richtet die Eier auf in Butter geröstetem Brot oder Artischockenböden mit Bechamel- oder Krebstunke an, oder man verwendet sie als Einlage für Suppen und auch für Kranke.

Zutaten: 125 Gramm Schweizerkäse, 125 Gr. gekochten Schinken, 8 Eier, ½ Ltr. saurer Raum, 1 Kochl. Butter.

Käsepudding für 6 Personen. Der geriebene Käse wird mit den Eidottern, der Butter, dem gehackten Schinken und dem Rahm 5 Minuten gerührt und dann der feste Schnee von 6 Eiern dazugegeben. Diese Masse gießt man in eine mit Butter ausgestrichene Form oder Auflaufform, welche in einem Topf mit kochendem Wasser ½ Stunde in den nicht zu heißen Ofen gestellt wird. Der Käsepudding ist als Frühstücksgericht zu verwenden und kann beim Anrichten mit Krebstunke übergossen werden.

Zutaten: 125 Gr. gekochter Schinken, 65 Gr. Parmesankäse, 8 Eier.

Bismarckeier für 8 Personen. Frühstücksgericht. 125 Gr. gekochter Schinken, fein gehackt, wird mit 65 Gr. Parmesankäse vermischt. 8 Tassen werden mit Butter ausgestrichen, in jede Tasse 1 Ei ganz hineingeschlagen, der Schinken daraufgelegt, hiernach die Tassen in kochendes Wasser gestellt, zugedeckt 10 Minuten langsam gekocht. Beim Anrichten stürzen, mit Holländischer Tunke übergießen.

Zutaten: 1 Kilo Spargel, ½ Kilo Pfifferlinge, 65 Gr. Schinken, 125 Gr. Kalbsbraten, 2 Eier, 65 Gr. Mehl, ¼ Ltr. Wasser, 65 Gr. Käse.

Auflauf mit Spargel für 4 Personen. Die gansen Eier schlägt man in einer Schüssel mit einem Teel. Salz 10 Minuten, dann gibt man das Mehl, die Hälfte vom kalten Wasser hinzu und schlägt den Teig noch 5 Minuten. Nach dieser Zeit gießt man die zweite Hälfte vom Wasser kochend dazu. Zwei gleich große Pfannen erhitzt man auf dem geschlossenen Herd, legt in jede Pfanne 15 Gr. Butter, und dann gießt man den Teig in die Pfanne, bäckt die Pfannkuchen unter öfterem Umlegen in 5 Minuten kroß bei nicht zu starker Hitze. Den Spargel schält man, setzt ihn mit ½ Ltr. kochendem Wasser an und kocht ihn zugedeckt 30 Minuten. Nach dieser Zeit gießt man den Inhalt einer ½-Kilo-Dose Pfifferlinge oder Steinpilze dazu. 30 Gr. Mehl, 15 Gr. Butter oder Fett schwitzt man unter Rühren 2—3 Minuten, dann gießt man die Spargelbrühe nach und nach dazu. Nachdem die Tunke aufgekocht, werden das gehackte Kalbfleisch und der gehackte Schinken dazugegeben. Einen Pfannkuchen legt man in die Auflaufschüssel, die Füllung legt man auf diesen Pfannkuchen, über die Füllung legt man wieder einen Pfannkuchen. Obenauf streut man den geriebenen Käse, und wenn man sie hat, so legt man einen Eßl. Butter dazu. Im heißen Ofen 20 Minuten backen.

Markbrötchen für 4 Personen. Man verwendet die Brötchen als Beilage zu jedem Gemüse. Für 4 Personen nimmt man 65 Gr. Ochsenmark, schneidet es in 2 cm dicke Scheiben und legt diese 1 Stunde vor dem Gebrauch in reichlich kaltes Wasser. Das Wasser muß man des öfteren erneuern, damit das Mark weiß bleibt. Nun setzt man die Markscheiben mit reichlich kochendem Salzwasser an, kocht sie einmal auf und stellt dann den Topf fest zugedeckt 10—15 Minuten beiseite. Läßt man das Wasser weiterkochen, zerfließt das Mark. Das Mark legt man auf vorher in Butter geröstete Brotscheiben und füllt dann über das Mark je 1 Teel. dickliche braune Krafttunke.

Zutaten: 65 Gr. Ochsenmark, reichlich kochendes Salzwasser.

Römische Pasteten für 12 Personen. Man füllt sie mit jedem Ragout und gibt sie beim Frühstück oder Abendessen zur Tassenbrühe. Auch kann man sie mit verschiedenem Gemüse als Gemüsegang oder Bratengarnitur verwenden. Um den schlechten Geruch zu vermeiden, empfiehlt es sich, die Pasteten 1 Stunde vor dem Gebrauch fertigzuhalten. Man stellt die Pasteten zum Heißbleiben in den Tellerwärmer und 10 Minuten vor dem Anrichten in den Bratofen. Niemals darf man sie im kalten Raum stehenlassen, da sie sonst zusammenfallen. ½ Kilo Palmin, Kalbsnierenfett oder Schmalz setzt man in einem hohen, tiefen Topf zum Heißwerden an. Das Pasteteneisen legt man gleich mit hinein. 125 Gr. Mehl rührt man mit ⅛ Ltr. kaltem Wasser zu einem glatten Teig, gibt 2 ganze Eier dazu und tut den Teig in eine tiefe Tasse oder Schüssel. Dann taucht man das heiße Eisen rasch in diesen Teig, hält dasselbe hiernach mit dem Teig rasch ins Fett und backt die Pastete in 2—3 Minuten hellbraun.

Zutaten: ½ Kilo Palmin od. Kalbsnierenfett oder Schmalz, 125 Gr. Mehl, ⅛ Ltr. kaltes Wasser, 2 ganze Eier.

Austernragout für 12 Personen. Man rechnet auf die Person 3 Austern. Für 12 Personen nimmt man ½ Kilo schieres Kalbfleisch, setzt dieses mit 1 Ltr. kaltem Wasser, 1 kleinen Zwiebel, 6 Pfefferkörnern, 1 Teel. Salz in geschlossenem Topf an und läßt es 2 Stunden kochen. Die Flüssigkeit läßt man bis auf ¼ Ltr. einkochen. Die Bärte der Austern läßt man in dieser Flüssigkeit 1 Minute kochen und gießt dann die Flüssigkeit durch ein Sieb. ⅛ Ltr. milden Rheinwein bringt man ins Kochen, schüttet die Austern in den kochenden Wein, deckt sie rasch zu und läßt sie hierin 1 Minute stocken, nicht kochen; vom Kochen werden die Austern hart. Nun legt man die Austern auf einen Teller und stellt sie beiseite. 1 gehäuften Kochl.

Zutaten: 36 Austern, ½ Kilo schieres Kalbfleisch, 1 Ltr. kaltes Wasser, 1 kl. Zwiebel, 6 Pfefferkörner, 1½ Teel. Salz, ⅛ Ltr. milder Rheinwein, 1 gehäufter Kochl. Mehlschwitze, 2 Teel. Zitronensaft, 2 Eßlöffel Schlagrahm, dann 1 Teel. frische Butter.

Mehlschwitze rührt man mit der Kalbfleischbrühe aus und gießt den Wein dazu; dann nach Geschmack ½ Teel. Salz, 2 Teel. Zitronensaft, 1 Eßl. Schlagrahm (ungeschlagen). Nun legt man die gedämpften Austern in diese Tunke und tut 1 Teel. frische Butter darauf. Man stellt das Ragout in heißes Wasser, füllt es dann in die gewärmten Pasteten und legt obenauf eine gebratene Auster (siehe unter Austern). Sobald man die Austern in die heiße Tunke gelegt hat, muß man das Ragout anrichten; sonst werden die Austern hart.

Zutaten: 3 Eier, 1 Messerspitze Salz, 1 geh. Teel. Kräuter.

Omelette aux fines herbes für 3 Personen. 3 Eidotter rührt man mit 1 Messerspitze Salz 10 Minuten und gibt den festen Schnee der Eier und 1 gehäuften Teel. Kräuter dazu; 1 gehäuften Kochl. Butter läßt man in der nicht zu heißen Pfanne dünn werden. Dann gibt man die Masse dazu und bäckt das Omelett bei geschlossenem Herd 5 Minuten, indem man eine Schaufel mit glühenden Kohlen über die Pfanne hält. Man muß das Omelett sofort anrichten. Es wird mit Krabben, Krebsragout, Champignons, Geflügelleber usw. gefüllt.

Zutaten: 65 Gr. Butter, 65 Gr. Schweizerkäse, 6 Weißbrotscheiben, 1 Messerspitze Liebig-Fleischextrakt, 1 Messerspitze Paprika.

Warme Käsebröte für 6 Personen. Die Rinde der Weißbrotscheiben wird abgeschnitten und die Bröte mit Butter bestrichen. Darüber gibt man 1 Messerspitze Liebigs Fleischextrakt, legt darauf den Käse und streut 1 Messerspitze Paprika über das Ganze. Man legt die Bröte nicht zu dicht nebeneinander auf ein mit Butter bestrichenes Blech und stellt dasselbe 3—5 Minuten in den heißen Ofen. Chesterkäse ist auch zu verwenden. Man kann dieses Gericht entweder beim Frühstück als Vorgericht zur Tassenbrühe oder bei einem feinen Mittagessen geben.

Zutaten: 4 Eier, 1 Teel. Weizenmehl, 2 Eßl. gerieb. Käse. ⅛ Ltr. Milch, ½ Teel. Salz, ½ Kochl. Butter, 2 Teel. Schnittlauch.

Omelett. 4 Eidotter rühre man mit 1 Teel. Weizenmehl, 2 Eßl. geriebenem Käse, ⅛ Ltr. Milch in einer Schüssel 10 Minuten. Dann ½ Teel. Salz und der Schnee der Eier. Man stellt 2 Pfannen auf den Herd und gibt in in jede ½ Kochl. Butter. Darauf tut man in jede Pfanne die Hälfte der Eimasse. Die Masse wird nun ohne zu rühren, ein- bis zweimal gebacken, einmal vorsichtig umgelegt. Dieses lege man auf eine Auflaufschüssel. Darauf gibt man einen Fleischrest mit Tunke oder Champignons mit Tunke oder Kalbsschweser mit Tunke oder Krabben mit Tunke. Jetzt legt man das zweite Omelett darüber, streut 1 Eßl. Käse darüber und legt 1 Eßl. Butter darauf. 5 Minuten vor dem Anrichten noch einmal in den heißen Ofen. Außer Käse kann man 2 Teel. Schnittlauch geben. Jeden Fleischrest vom Braten kann man hierzu verwenden, auch Schinken. 125 Gr. Fleischrest schneidet man in kleine Würfel, gibt 1 Teel. Butter, 1 Teel. Mehl in einen Topf, schwitzt dieses 1—2 Minuten, gießt ⅛ Ltr. Tunkenreste oder Wasser dazu, läßt dieses einmal aufkochen und gibt dann das Fleisch in die Tunke. Dieses Gericht eignet sich auch für Kranke.

Eier mit Curry-Tunke im Reisrand für 4 Personen. Das gewaschene Fleisch wird mit ¾ Ltr. kaltem Wasser und dem Salz angesetzt und langsam eine Stunde gekocht. Der Reis wird so lange gewaschen, bis das Wasser klar bleibt, dann wird er angesetzt mit ¾ Ltr. kochendem Wasser und 1 Teel. Salz. Zugedeckt kocht man den Reis 15 Minuten. Dann stellt man ihn ohne Deckel 10 Minuten in den heißen Ofen. 1 Teel. Butter kann man dazu geben, ebenso wird eine Randform dick mit Butter ausgestrichen und der Reis in die Form gefüllt. ¾ Ltr. Wasser bringt man mit ⅛ Ltr. Essig ins Kochen, schlägt ein rohes Ei schnell in das kochende Wasser und läßt es hierin langsam 3 Minuten kochen. Dann nimmt man es heraus und bereitet die übrigen Eier ebenso. Butter und Weizenmehl schwitzt man im Topfe unter Rühren, die Kalbfleischbrühe und den Curry gibt man nach und nach hinzu. Man läßt die Tunke ohne Deckel 5 Minuten kochen. Beim Anrichten stürzt man den Reisrand auf eine vorher gewärmte runde Platte, legt in die Mitte des Randes die Eier und gießt die dickliche Tunke über die Eier.

Zutaten: 4 Eier, 250 Gr. Reis, 5 Gr. Salz, 5 Gr. Curry, 10 Gr. Butter, 15 Gr. Weizenmehl, 100 Gr. Kalbfleisch.

Käse-Auflauf für 4 Personen. Der Käse wird gerieben, Eidotter und Maispeis rührt man 5 Minuten, dann gibt man die kalte Milch, den recht feingehackten Schinken und zuletzt den festen Schnee der Eier hinzu. Die Masse wird in eine gefettete Auflaufform gefüllt und im nicht zu heißen Ofen 20 Minuten gebacken. Der Auflauf muß sogleich serviert werden. Vom langen Stehen fällt er.

Zutaten: 125 Gramm Schweizerkäse, 4 Eier, ¼ Ltr. Milch, 30 Gr. Maispeis, 30 Gr. feingehackt. roh. Schinken oder Speck.

Warme Schinkenbröte für 4—6 Personen. Man gibt sie beim Frühstück zur Tassenbrühe oder beim Mittagessen als Gemüsebeilage. 12 Scheiben von einem Weißbrot werden erst mit Butter, dann dünn mit Senf bestrichen. Man legt auf die Brotscheiben eine dünne Scheibe Schweizerkäse, dann eine Scheibe gekochten Schinken, dann wieder eine Scheibe Brot, die Butterseite auf den Schinken. Die Bröte drückt man fest zusammen und schneidet die Rinden ab. Sind die Bröte vorbereitet, werden sie mit wenig Butter in der Pfanne gebraten. Die Bröte dürfen nicht zu dicht nebeneinander liegen. Man brät sie 5 Minuten im ganzen bei nicht zu starker Hitze. Inzwischen werden sie einmal umgelegt.

Zutaten: 12 Scheiben Weißbrot, 65 Gramm Butter, 1 Teel. Senf, 65 Gr. Schweizerkäse, 65 Gr. gekocht. Schinken.

Lachsbrötchen für 6 Personen. Die Brötchen sind zur Tassenbrühe zum Frühstück zu verwenden. 1 Kochl. Butter mischt man mit 1 gehäuften Teel. feingehackter Petersilie, streicht die Butter auf 12 große Weißbrotscheiben, legt 65 Gr. geräucherten Lachs auf 6 der Brotscheiben, legt die Butterseite der anderen Brötchen auf den Lachs, drückt die Brötchen fest zusammen, schneidet die Rinden ab, gießt auf jedes Brötchen 1 Teel. Milch und legt die Brötchen mit der begossenen Seite sofort auf eine Platte. 65 Gr. Käse wird gerieben; in der

Zutaten: 65 Gr. Lachs, 6 Brötchen, 6 Teel. Milch, 65 Gr. Butter, 1 gehäuften Teel feingehackt Petersilie, Eiweiß und Zwieback.

Käsemasse wendet man die Brötchen, paniert sie in Eiweiß und Zwieback, läßt einen gehäuften Kochl. Butter in der Pfanne hellbraun werden und brät die Brötchen hierin 3—5 Minuten. Inzwischen werden sie einmal umgelegt.

Zutaten: 1 Kalbsniere, ½ Teel. Pfeffer, 1 Teel. Salz, Mehl, ½ Ltr. lauwarmes Wasser, 1 Kochl. Mehlschwitze, 1 Eßl. Madeira.

Nierenschnitten für 6 Personen. Man verwendet sie als Beilage zur Tassenbrühe oder zu jedem Gemüsegang. Eine Kalbsniere wird gewaschen, mit ½ Teel. Pfeffer und 1 Teel. Salz bestreut, in Mehl gewendet, im geschlossenen Topf ohne Butter angesetzt und im eigenen Saft 30 Minuten gedämpft. Ist die Niere in dieser Zeit nicht braun genug, legt man den Deckel beiseite und läßt den Fleischsaft vollständig einschmoren. Inzwischen wird die Niere oftmals umgelegt. Man gießt ½ Ltr. lauwarmes Wasser auf die Niere und läßt sie noch langsam 30 Minuten dampfen. Durch starkes Kochen wird die Niere hart. Die Flüssigkeit läßt man auf ¼ Ltr. eindämpfen. ½ Kochl. Mehlschwitze rührt man mit der Tunke aus und gibt 1 Eßl. Madeira dazu. Die Tunke muß braun aussehen, pikant und kräftig schmecken. Die gehackte Niere gibt man dazu. Die Masse muß dicklich sein, man streicht sie auf kleine längliche Brötchen, die auf eine vorher mit Butter bestrichene Platte zu legen sind. Auf jedes Brötchen streut man 1 Messerspitze geriebenen Käse, und 1 Messerspitze Butter legt man darauf. Man bäckt die Brötchen im heißen Ofen 5 Minuten.

Zutaten: 125 gr. Mehl, ⅛ Ltr. kaltes Wasser, ½ Kilo Palmin oder Fleischfett.

Käsecremepasteten für 6 Personen. 125 Gr. Mehl rührt man mit ⅛ Ltr. kaltem Wasser in einer tiefen Schüssel zu einem glatten Teig, gibt 1 Eidotter dazu und macht ½ Kilo Palmin oder Fleischfett heiß. Das Pasteteneisen bleibt in diesem Fett ¼ Stunde, um vor dem Gebrauch heiß zu werden, dann taucht man es in den Teig und hält das Eisen mit dem Teig 3 Minuten in das heiße Fett. Die Pasteten müssen in dieser Zeit hellbraun werden und kroß gebacken sein. Man hält die Pasteten 3—4 Stunden vor dem Gebrauch fertig und stellt sie 10 Minuten vor dem Anrichten in den nicht zu heißen Ofen. Die Pasteten können auch für kleine Ragouts oder auch für verschiedene Gemüse verwendet werden. Füllt man sie mit folgendem Käsecreme, so sind sie bei einem Mittagessen als warmer Käsegang zu geben.

Zutaten: 65 Gr. Mehl, 65 Gr. Butter, ⅛ Ltr. heißes Wasser, 2 Eier, 1 Teel. Salz, 1 Teel. geriebenen Käse, ½ Kilo Palmin.

Käsebälle für 4 Personen. Man gibt sie als Vorgericht mit gebackener Petersilie oder als Beilage zu jedem dunklen Braten. 65 Gr. Mehl und 65 Gr. Butter schwitzt man im Topfe unter Rühren 5 Minuten und gibt ⅛ Ltr. heißes Wasser dazu. Den Teig rührt man bei mäßiger Hitze 2—3 Minuten, bis er glatt vom Topfe läßt, und stellt dann die Masse 30 Minuten zum Auskühlen beiseite. Hiernach gibt man nach und nach 2 ganze Eier dazu, außerdem 1 Teel. Salz und 1 Teel. geriebenen Käse. Mit einem Teelöffel formt man Klöße, setzt diese in nicht zu heißes Fett und läßt sie unter einmaligem Umlegen 5 Minuten langsam backen. Danach legt man sie auf einen Teller und bestreut sie mit 2 Eßl. geriebenem Käse. Den Teller stellt man vor dem Anrichten 5 Minuten in den heißen Ofen. Will man den Geruch vermeiden, sind die Bälle 30 Minuten vor dem Anrichten fertigzuhalten. Das Fett muß nach dem Gebrauch gleich zugedeckt und kaltgestellt werden. Man nimmt Palmin. Ist das Fett zu heiß, so gehen die Klöße nicht auf, werden zu schnell dunkel und bleiben innen ungar. Um die Hitze auszuprobieren, empfiehlt es sich, 1 Messerspitze Teig in das Fett zu setzen. Wird diese Probe in 2 Minuten dunkelbraun, so ist das Fett zu heiß; die Probe muß nach 2 Minuten hellgelb aussehen und gebunden bleiben.

Käsecreme für 4 Personen. ⅛ Ltr. Milch oder süßer Rahm ist ins Kochen zu bringen. 1 Teel. Maizenamehl rührt man mit 1 Eßl. kaltem Wasser aus, gießt dieses unter Rühren in die kochende Milch, gibt 65 Gr. geriebenen Chesterkäse dazu und kocht das Ganze, immer rührend, 3 Minuten. Dann stellt man es 10 Minuten beiseite, gibt 1 ganzes Ei dazu, ½ Teel. Senf und 1 Messerspitze Salz nach Geschmack. 10 Minuten vor dem Anrichten macht man diese Crememasse unter Rühren recht heiß, gibt 1 Teel. frische Butter nach Geschmack dazu und füllt die Masse rasch in die heißen Pasteten.

Zutaten: ⅛ Ltr. Milch oder süß. Rahm, 1 Teel. Maizenamehl, 65 Gr. gerieb. Chesterkäse, 1 Ei, ½ Teel. Senf, 1 Messerspitze Salz, 1 Teel. frische Butter.

Käse-Souflées für 4 Personen. Sie werden als Vorgericht, als warmer Käsegang, oder auch als Frühstücksgericht zu Fleischbrühe in Tassen gegeben. 125 Gr. Chesterkäse oder andere Käsereste werden gerieben, mit 3 Eidottern und ⅛ Ltr. Rahm 5 Minuten verrührt. Nach Geschmack gibt man 1 Messerspitze Cayennepfeffer und Salz dazu, dann zuletzt den Schnee der festen Eier. Ist der Schnee gut verrührt, fügt man 1 Eßl. geschmolzene Butter hinzu. Diese Masse wird nun rasch in kleine Porzellankasserollen gefüllt, die man vorher mit Butter ausgestrichen hat. Man kann auch statt dessen Papierkästchen verwenden. Nun müssen sie 15 Minuten in den nicht zu heißen Ofen zum Backen gestellt werden.

Zutaten: 125 Gramm Chesterkäse, 3 Eidotter, ⅛ Ltr. Rahm, 1 Messersp. Cayennepfeffer und Salz, 1 Eßl. geschmolzene Butter.

Feinere Schwesercroquettes für 12 Personen. Zum Frühstück oder zu einem feineren Essen als Vorgericht mit gebackener Petersilie oder als Gemüsebeilage. Eine Schweser im Gewicht bis 1 Kilo legt man, damit sie weiß wird, 1—2 Stunden vor Gebrauch in kaltes Wasser, setzt die Schweser darauf mit ½ Ltr. kaltem Wasser an und tut 1 Zwiebel, 10 Pfefferkörner, 1 Teel. Salz dazu. Man kocht sie zugedeckt langsam 30 Minuten. Alsdann legt man die Schweser wieder in reichlich kaltes Wasser, zieht die Haut ab und schneidet die Schweser in Würfel. 1 Kochl. Mehlschwitze rührt man mit der Brühe aus und gibt 125 Gr. vorbereitete Champignons dazu. Man läßt die Tunke 10 Minuten langsam kochen. Statt der Champignons

Zutaten: 1 Schweser od. Milchner Brischen im Gewicht bis 1 Kilo, ½ Ltr. kaltes Wasser, 1 Zwiebel, 10 Pfefferkörner, 1 Teel. Salz, 1 Kochl. Mehlschwitze, 125 Gr. Champignons oder 65 Gr. Trüffeln, 1 Teel. Zitronensaft, 2 Eidotter, 3 Blatt weiße Gelatine, Mehl, Eiweiß, Zwieback.

können auch 65 Gr. Trüffeln genommen werden. 1 Teel. Zitronensaft gibt man zu der Tunke und, wenn nötig, etwas Salz nach Geschmack. Die Schweser läßt man wieder aufkochen und quirlt hiernach das Ganze mit 2 Eidottern ab. Die Eidotter müssen vorher 10 Minuten gerührt werden. Ehe man die Schweser an die Tunke tut, sind 3 Blatt Gelatine anzufeuchten und mit der Schweser einmal aufzukochen. Die Masse hält man 3—4 Stunder vor Gebrauch fertig, formt dann Bälle, wendet diese in Mehl, dann in Eiweiß und Zwieback und bäckt sie in heißem Fett, 3 Stück zurzeit, kroß.

Zutaten: 4 Rundstücke, 3 Eier, 10 Gr. Mehl, 1/8 Ltr. Milch, 60 Gr. Schweizerkäse.

Käseschnittchen für 4 Personen. 2 Eidotter werden mit dem Mehl und der kalten Milch zu einem Teig verrührt, den festen Schnee der Eier gibt man dazu, danach den geriebenen Käse. Die Rundstücke schneidet man in Scheiben, legt sie in den Teig. Eine Pfanne wird mit 1 Kochl. Butter angesetzt, der Teig wird in die Pfanne gegossen und wie ein Pfannkuchen gebacken.

Zutaten: 2 Austern à Person, Eiweiß und Zwieback.

Gebratene Austern. Sie werden mit einem Tuche getrocknet, dann in Eiweiß und Zwieback paniert; das Eiweiß wird vorher mit einer Gabel tüchtig durchgeschlagen und etwas Salz hinzugefügt. Reichlich Butter läßt man in der Pfanne goldgelb werden, legt dann die Austern hinein und brät sie unter Umlegen bei raschem Feuer 1—2 Minuten. Die Pfanne öfters schütteln.

Zutaten: 65 Gr. gekochter Schinken, 12 Anchovis, 3 Eiweiß.

Anchovisbrötchen für 6 Personen. Man gibt diese als Beilage zu jedem Gemüse oder mit Kiebitzeiern bei einem Frühstück zur Tassenbrühe. Kleine runde Brotschnitte werden mit reichlich Butter goldgelb gebraten; dann beiseitegestellt. 65 Gr. gekochten Schinken und 12 von der Gräte befreite Anchovis werden recht fein gehackt. Die Brötchen werden mit den gehackten Anchovis bestrichen, und darüber der gehackte Schinken verteilt. Den festen Schnee von 3 Eiweiß setzt man häufchenweise oben auf die Brötchen; dann macht man in das Eiweiß eine Vertiefung und verteilt hierin das Eidotter. Die Brötchen werden 3—5 Minuten im Ofen gebacken und müssen heiß serviert werden. 1 Eidotter genügt.

Zutaten: 3 Eier, 1 Messerspitze Salz, 1/2 Kochl. Butter.

Omelett für 2 Personen. 3 Eidotter werden mit einer Messerspitze Salz 5—10 Minuten gerührt, dann der feste Schnee der Eier dazugegeben. 1/2 Kochl. Butter läßt man in der Pfanne dünn werden, gibt die Eimasse dazu und bäckt das Omelett auf geschlossenem Herd bei mäßiger Hitze 2—3 Minuten, indem man eine Schaufel mit glühenden Kohlen über das Omelett hält. Es wird zusammengeklappt und gleich serviert. Man kann es zum Nachtisch mit jedem Kompott füllen. Gibt man es als Vorgericht beim Frühstück, so füllt man es mit Nierenragout oder Krabben oder Champignons oder Bratenfleischresten. Will man eine Omelette aux fines herbes geben, ist 1/2 Teel. feingehackter Kräuter dazu zu nehmen.

Sardellenstreifen für 4 Personen. Man gibt sie bei einem Frühstück zur Tassenbrühe. Die gut gewässerten Sardellen werden feingehackt, dann mit der Butter durch ein Sieb gestrichen, die Eidotter dazugegeben und mit dem Mehl verrührt. Diesen Teig rollt man dünn aus und schneidet ihn in dünne, schmale Streifen, legt diese auf eine mit Butter bestrichene Platte und bäckt sie in nicht zu heißem Ofen 5 Minuten.

Zutaten: 125 Gr. Mehl, 65 Gr. Butter, 1 Eigelb, 1 Messerspitze Salz, 1 Messersp. Cayennepfeffer, 6 Sardellen.

Fischcroquettes für 4 Personen. Hierzu verwendet man Reste von gekochtem Fisch; 250 Gr. Fischfleisch schneidet man in Würfel, ½ Kochl. Mehlschwitze rührt man mit ⅛ Ltr. Brühe oder Wasser glatt. 1 Blatt weiße Gelatine kocht man in dieser Tunke 1 Minute, dann quirlt man die Tunke mit Eidottern ab, gibt Salz, etwas Pfeffer und Zitronensäure nach Geschmack hinzu. Man legt das geschnittene Fleisch in diese Tunke und stellt das Gericht zum vollständigen Erkalten 5 Stunden vor dem weiteren Gebrauch beiseite. Noch besser ist es, man macht die Sache am Tage vorher. Nun formt man hiervon Bällchen, paniert diese in Eiweiß und Zwieback und backt die Croquettes 5 Minuten vor dem Anrichten in recht heißem Fett kroß. Man gibt die Croquettes beim Frühstück als Vorgericht mit gebackener Petersilie. Werden zu viel Croquettes auf einmal gebacken, so kühlt das Fett aus, und die Bälle platzen.

Zutaten: 250 Gramm Fischfleisch, ½ Kochl. Mehlschwitze, ⅛ Ltr. Fleischbrühe, 1 Blatt weiße Gelatine, Eidotter, etwas Salz, Pfeffer und Zitronensäure.

Wiener Schmarren für 1 Person. Die Eier werden, mit einem ½ Teel. Salz vermengt, 10 Minuten geschlagen, dann wird das Mehl dazu gegeben und zuletzt die kalte Milch. 10 Gr. Butter läßt man in der Pfanne braun werden, gibt die Teigmasse dazu und backt den Schmarren. 2 Minuten nach dieser Zeit wird er gewendet und nochmals 3 Minuten gebacken, die sich bildenden Blasen durchsticht man mit einer Gabel. Der Schmarren muß hellbraun und kroß gebraten sein, wird mit Zucker und Kaneel überstreut und recht heiß aufgetragen.

Zutaten: 2 Eier, ⅛ Ltr. Milch, 10 Gr. Mehl.

Spiegelei auf Brotscheiben mit Sardellen und Champignons für 6 Personen. Für Kranke geeignet. 6 Weißbrotscheiben werden mit einem Wasserglas rund ausgestochen, 1 Kochl. Butter läßt man in der Pfanne gelb werden, legt die Brotscheiben hinein und brät sie darin unter öfterem Umlegen hellbraun. Danach legt man die Scheiben auf eine vorher gewärmte Platte. 1 oder 2 Teller bestreicht man mit Butter, schlägt die ganzen Eier rasch auf den Teller, ½ Teel. Salz streut man über die Eier und dann stellt man die Teller zugedeckt 6 Minuten auf kochendes Wasser. Die fertigen Eier werden ausgestochen mit einem Glas und danach auf die gerösteten Brotscheiben gelegt. Folgende Champignontunke füllt man um die Brötchen (diese Tunke kann man 10 Minuten vor dem Gebrauch fertig halten und in kochendes Wasser stellen): 65 Gr. frische Champignons werden geputzt, gewaschen und fein gehackt. 10 Gr. Butter, 10 Gr. Mehl schwitzt man im Topfe 2 Minuten, dann gibt man ¼ Ltr. Rahm oder Milch und die gehackten Champignons dazu; hierzu gibt man 1 Teel. feingehackten Dill und kocht die Tunke 5 Minuten. 6 Sardellen werden gewässert, in Streifen geschnitten und über die Eier gelegt.

Zutaten: 4 Eier, 4 Eßl. Wasser oder kalte Milch, ½ Teel. Salz, 125 Gr. geräuch. Lachs.

Rührei mit geräuchertem Lachs für 2 Personen. Für Kranke geeignet. Die ganzen Eier werden mit dem kalten Wasser und dem Salz mit einer Schneerute 5 Minuten geschlagen. 1 Eßl. geriebenen Schweizerkäse und 2 Teel. Butter, zerpflückt, kann man dazu geben. 1 Eßl. Butter läßt man in der Pfanne dünn werden, gießt die Eimasse in die Pfanne und stellt diese auf den geschlossenen, nicht zu heißen Herd. Nun zieht man mit einem zinnernen Löffel strichweise die inzwischen fest werdende Masse vom Boden der Pfanne und wiederholt dieses so lange, bis keine Flüssigkeit mehr vorhanden ist. Das Rührei soll weich und großflockig und nicht trocken sein. Von der Milch wird das Rührei hart. Der Lachs wird in Würfel geschnitten. Beim Anrichten füllt man das Rührei auf eine gewärmte Platte, macht in der Mitte eine Vertiefung, hier hinein legt man den geräucherten Lachs.

Zutaten: 1 Kilo Kartoffeln, 100 Gramm Weizenmehl, 2 Eigelb, 100 Gr. Butter, 100 Gr. Schweizerkäse.

Kartoffelklöße, überkrustet mit Käse, für 6 Personen. Ein warmes Frühstücksgericht. Die Kartoffeln werden geschält, gewaschen mit kaltem Wasser bedeckt, angesetzt und 30 Minuten gekocht. Nach dieser Zeit wird das Wasser abgegossen, die Kartoffeln werden trocken gedämpft und schnell durch ein Sieb gestrichen. An diese Masse gibt man schnell das Mehl, 1 Teel. Salz, nach 5 Minuten fügt man unter tüchtigem Rühren nach und nach an den ausgekühlten Teig die Eier, dann formt man Klöße. 1 Ltr. Wasser bringt man mit 1 Eßl. Salz ins Kochen, legt die Klöße hinein und kocht sie ohne Deckel 10 Minuten. Mit einem Schaumlöffel nimmt man sie aus dem Wasser, legt sie in eine flache Auflaufschüssel und streut den geriebenen Käse zwischen und über die Klöße. Obenauf legt man die Butter, und nun läßt man sie 10 Minuten im heißen Ofen backen.

Zutaten: 250 Gramm Fleischreste, 1 Kochl. Mehlschwitze, ½ Ltr. Fleischbrühe od. Tunkenrest, 3 Blatt weiße Gelatine, 1 Teel. Salz.

Fleischcroquettes für 4 Personen. Man bereitet die Croquettes von jedem Fleischrest, verwendet sie bei einem Mittagessen oder Frühstück als Beilage zum Gemüse oder als Vorgericht mit gebackener Petersilie. (Ebenso zu bereiten wie die Fischcroquettes.)

Zutaten: 125 Gramm Weizenmehl, ¼ Ltr. Wasser oder Milch, 125 Gr. Butter, 4 Eier.

Piroggen für 6 Personen. Beigabe zur Fleischbrühe. Mehl und Butter schwitzt man im Topfe unter Rühren 1 bis 2 Minuten, dann gibt man das Wasser oder die Milch dazu und rührt den Teig noch 5 Minuten, bis die Masse gut vom Topfe läßt, nun gibt man an den heißen Teig 1 ganzes Ei, stellt den Teig zum Erkalten 4 Stunden vor dem Gebrauch recht kalt.

Die Masse kommt einem etwas dünn vor, es tut aber nichts, sie muß zum Gelingen des Ganzen tüchtig erkalten. Hiernach werden die letzten 3 ganzen Eier dazu gegeben. Während dieser Zeit bereitet man folgende Crememasse: 2 Eidotter, 1 gehäuften Teel. Liebig rührt man 5 Minuten. Dann fügt man 3 Eßl. geriebenen Schweizerkäse, 1 Messerspitze Paprika, 2 Eßl. sauren Rahm dazu. 1 Kilo Schmalz erhitzt man in einem breiten tiefen Topfe, füllt eine Spritze mit dem Teig und drückt 15 Zentimeter lange Streifen in das heiße Fett. Eine geübte Köchin findet sich zurecht. Die Streifen werden hellgelb gebacken, auf einen Durchschlag gelegt und sogleich mit der Crememasse dick bestrichen. Das Gebäck verziert man außerdem mit 3 Tupfen Kaviar. Hierzu reicht man Sherry oder Portwein.

Welsh rarebit für 4 Personen. Man gibt diese Brötchen als warmen Käsegang oder auch bei einem Frühstück zur Tassenfleischbrühe oder auch als Vorgericht beim Kaviar. 65 Gr. geriebener Chester wird mit 1 Kochl. Butter und 1 Eidotter, 1/2 Teel. Senf verrührt. Diese Masse wird recht dick und hoch auf länglich geschnittene Brotschnittchen gestrichen, im heißen Ofen 5 Minuten gebacken und heiß zu Tisch gegeben. Die Platte, worauf man sie bäckt, muß vorher dick mit Butter bestrichen sein.

Zutaten: 65 Gr. gerieb. Chester, 1 Kochl. Butter, 1 Eidotter, 1/2 Teel. Senf, 8 Weißbrotscheiben.

Blätterteigschinkenrollen für 6 Personen. Man gibt die Rollen zum Frühstück oder Abendessen zur Tassenfleischbrühe. Für 6 Personen nimmt man einen Blätterteig von 125 Gr. Butter, 200 Gr. Mehl, 2 Eßl. Wasser. Der vorbereitete Teig wird 1 Zentimeter dick ausgerollt, in 8 Streifen geschnitten, der dünn geschnittene Schinken daraufgelegt. Die Streifen werden aufgerollt, mit Eiweiß bestrichen und mit einer Messerspitze Käse und einer Messerspitze Cayennepfeffer bestreut, auf ein Backbrett gelegt, im heißen Ofen 15—20 Minuten gebacken. Man kann statt Schinken auch Schweizerkäse nehmen.

Zutaten: 125 Gramm Butter, 200 Gr. Mehl, 2 Eßl. Wasser, 125 Gr. gekochten Schinken, Eiweiß.

Geflügelsalat für 6 Personen. Reste vom gekochten oder gebratenen Huhn, Puter oder Fasan. Die Sardellen werden 2 Stunden vorher gewässert, das Wasser wird oft erneuert, danach wird das Fleisch von den Gräten getrennt und in feine lange Streifen geschnitten. Die Tomaten werden mit kochendem Wasser überbrüht, die Haut wird abgezogen, und dann werden die Tomaten, ebenso das Geflügelfleisch und die geschälten Äpfel in Streifen geschnitten. Das Ganze mischt man mit einer vorher gerührten Mayonnaise, 1—2 Eßl. Essig wird hinzugefügt. Eine frische Gurke schneidet man in Scheiben und dann in Streifen und legt diese beim Anrichten als Kranz um den Salat.

Zutaten: 1 Huhn, 3 Äpfel, 12 Sardellen, 3 Tomaten, Mayonnaise von 2 Eiern, 1/4 Ltr. Öl, 1 Gurke.

Rührei mit Bücklingen für 2 Personen. 100 Gr. Bücklinge werden von Haut und Gräten befreit, hiernach wird das Fleisch in Streifen geschnitten. 2 Eier schlägt man in der Schüssel mit 2 Gramm Salz 5 Minuten. Dann gibt man 1/16 Ltr. Milch oder Wasser dazu. 10 Gr. Butter oder anderes Fett läßt man in der Pfanne dünn werden, gießt die Eimasse in die Pfanne, gibt die Fischstücke dazu, rührt die Masse in der Pfanne, bis sie verdickt und keine Flüssigkeit mehr vorhanden ist. Die Masse darf nicht hart werden. Hierzu schmeckt sehr gut in Butter geröstetes Brot.

Zutaten: 200 Gr. Kartoffeln, 35 Gr. Butter, 4 Eidotter, 10 Gr. Hefe, 150 Gr. Mehl, 1 Teel. Zucker, 1/8 Ltr. Milch oder Rahm, 65 Gr. rohen Schinken, 250 Gr. Schweineschmalz, 65 Gr. Schweizerkäse.

Kartoffelkrapfen für 6 Personen. Die Hefe legt man in eine Schüssel, gibt 1 Teel. Zucker und 1/8 Ltr. Milch oder Rahm dazu, verrührt die Hefe, gibt die Hälfte vom Mehl dazu und rührt ein Teigstück; stellt dieses 30 Minuten zum Aufgehen an einen warmen Ort. Die geschälten Kartoffeln werden, zur Hälfte mit Wasser bedeckt, angesetzt und 30 Minuten gekocht. Dann gießt man das Wasser ab, dämpft die Kartoffeln trocken und streicht sie schnell durch ein Sieb. Den gut aufgegangenen Hefeteig gibt man dazu, verrührt die Masse, dann gibt man die Butter und nach und nach die Eidotter dazu. Das letzte Mehl streut man in eine Schüssel, gibt den Teig dazu und rührt ihn solange, bis der Teig von der Schüssel läßt. Das letzte Mehl breitet man auf einem Backbrett aus, legt den Teig dazu, rollt ihn fingerdick aus und sticht mit einer Tasse oder einem Glas Böden aus. Auf die Hälfte dieser Böden legt man feingehackten (65 Gr.) rohen Schinken, bestreicht die Außenränder der Böden mit Eiweiß, legt darüber wieder einen Boden, legt die fertigen Krapfen auf ein bemehltes Brett und stellt sie zum Aufgehen 30 Minuten an einen warmen Ort. Man nimmt einen tiefen, eisernen Topf, hierhinein legt man 250 Gr. Schweineschmalz, läßt es heiß werden; dann legt man zurzeit 4 Krapfen in das heiße Fett; sie müssen in dem Fett schwimmen. Der Topf wird mit einem Deckel geschlossen. Man bäckt die Krapfen 5—10 Minuten, sie werden in dieser Zeit einmal umgelegt, beim Anrichten mit 65 Gr. geriebenem Schweizerkäse überstreut. Man stellt sie mit dem Käse 5 Minuten in den heißen Ofen, sie werden warm gegessen.

Zutaten: 125 Gr. Geflügelleber, 1 gehäuft. Teel. Mehl, 1 Teel. Salz, 1 Messerspitze Pfeffer, 1/2 Kochl. Butter, 1/4 Ltr. Wasser, 1/2 Teel. Mehlschwitze, 1 kleine Trüffel.

Geflügelleberragout zur Füllung der römischen Pasteten für 4 Personen. 125 Gr. Geflügelleber werden gewaschen und mit einem gehäuften Teel. Mehl, 1 Teel. Salz und 1 Messerspitze Pfeffer bestreut. 1/2 Kochl. Butter läßt man in der Pfanne braun werden, legt die Leber dazu und brät sie unter immerwährendem Umdrehen 3 Minuten. Dann legt man die Leber auf einen Teller. In der Pfanne kocht man unter Rühren den angebräunten Saft mit 1/4 Ltr. Wasser in 2 Minuten los. 1/2 Teel. Mehlschwitze rührt man mit dieser Flüssigkeit aus, gibt eine kleine Trüffel, feingehackt, hinzu und läßt die Tunke hiermit noch 2 Minuten kochen. Dann gibt man die in Würfel geschnittene Leber dazu, stellt das Ragout zugedeckt 30 Minuten zum Heißwerden in kochendes Wasser und füllt es beim Anrichten in die Pasteten. Man kann an das Leberragout nach Geschmack 1 Teel. Madeira geben. (Siehe Römische Pasteten.)

Leberbrötchen für 6 Personen. 125 Gr. Geflügelleber wird gewaschen, mit 1 Teel. Salz und 1 Messerspitze Pfeffer bestreut. 1 Teel. Butter läßt man in der Pfanne braun werden, bestreut die Leber mit 1 Teel. Mehl. Dann brät man die Leber unter immerwährendem Umlegen 3 Minuten. Hiernach streicht man sie durch ein Drahtsieb. Dreieckig geschnittene Brotscheiben werden in Butter hellbraun gebraten und schnell mit der Lebermasse bestrichen. Verwendbar zur Tassenbrühe und als Beilage zu Gemüsen.

Zutaten: 125 Gr. Geflügelleber, 1 Teel. Butter, 1 Teel. Mehl.

Tomaten gefüllt mit Geflügelleber. Frühstücksvorgericht für 4 Personen. 65 Gr. Geflügelleber bestreut man mit einer Messerspitze Pfeffer und Salz und 1 Eßl. Mehl, brät die Leber mit 1 Teel. Butter bei mäßiger Hitze 5 Min. Hiernach wird die Leber in kleine Würfel geschnitten. 2 Eßl. Reis wäscht man drei- bis viermal mit kaltem Wasser. In der Pfanne, worin man die Leber gebraten hat, läßt man 1/4 Ltr. Wasser einmal aufkochen, gießt diese Flüssigkeit in einen Topf, den Reis gibt man dazu und, nachdem man den Reis 20 Minuten gekocht hat, gibt man 1 Eßl. Käse, die Leber, und wenn nötig, etwas Salz dazu. 8 große Tomaten werden etwas ausgeschält und mit dem Reis gefüllt. Man stellt die Tomaten nebeneinander auf eine Gratinplatte, bestreut jede Tomate mit etwas Käse (1/2 Teel.), tut eine Messerspitze Butter darauf und bäckt sie im heißen Ofen 5—10 Minuten. Die Tomaten dürfen nicht zerfallen. Man verwendet sie auch als Bratengarnitur.

Zutaten: 65 Gr. Geflügelleber, 1 Messerspitz. Pfeffer, 1 Messerspitze Salz, 1 Eßl. Mehl, 1 Teel. Butter, 2 Eßl. Reiß, 1/4 Ltr. Wasser, 1 Teel. und 1/2 Teel. Käse, 8 große Tomaten. 1 Messerspitze Butter.

Hummer à la Newbourg für 6 Personen. Das Hummerfleisch wird in Würfel geschnitten. Die grüne Masse, die sich im Kopfe befindet, wird dazugegeben. 65 Gr. Butter läßt man in einem Topfe dünn werden. Das Hummerfleisch, 65 Gr. gekochte Trüffeln, 1/2 Teel. Salz, 1 Messerspitze Cayennepfeffer gibt man dazu. Zugedeckt stellt man den Topf in einen zweiten Topf mit heißem Wasser 30 Minuten. 2 Eidotter schlägt man 5 Minuten, gibt 2 Eßl. Schlagrahm, 2 Eßl. Madeira oder Sherry und 2 Teel. Kognak dazu, gießt diese Masse auf die nun inzwischen im Topfe heiß gewordenen Hummerstücke und schüttelt den Topf mit dem Inhalt 2 Minuten. Die Masse darf nicht gerührt werden! Nun stellt man diese zugedeckt 10—15 Minuten vor dem Anrichten in den Topf mit heißem Wasser zurück. Das Wasser darf nicht kochen, vom Kochen

Zutaten: 2 Kilo abgekochten Hummer (siehe unt. Hummern kochen), 65 Gr. Butter, 65 Gr. Trüffeln, 1/2 Teel. Salz, 1 Messerspitze Cayennepfeffer, 2 Eidotter, 2 Eßl Schlagrahm, 2 Eßl. Madeira oder Sherry, 2 Teel. Kognak.

gerinnt Rahm und Ei. Man kann die Speise in kleinen Muscheln anrichten, auch in kleinen Papierkästchen oder in Blätterteig-Pasteten. Steht das Gericht zu lange auf dem heißen Herd, so gerinnt die Tunke, und das Gericht wird wertlos. Man kann außerdem beim Anrichten fein gehackte Trüffeln darüberstreuen.

Zutaten: 48 Austern, 65 Gr. Brotkrumen, 65 Gr. Butter, 1 Teel. Salz, ½ Teel. weißer Pfeffer, 2 Teel. Zitronensaft, 65 Gr. Käse.

Gebackene Austern in Muscheln. Ein warmes Vorgericht für 12 Personen. Man rechnet à Person 4 Austern. Diese legt man in die dazu bestimmten Muscheln oder Papierkästchen und streut zwischen jede Auster wenig Salz, Pfeffer und fein geriebene und gesiebte Brotkrumen. ½ Teel. Zitronensaft und den Austernsaft gießt man zuletzt über jede Muschel. Obenauf streut man sodann ½ Teel. Weißbrotkrumen mit ½ Teel. Käse gemischt und zuletzt ½ Teel. Butter. Diese vorbereiteten Muscheln werden auf ein Backblech gelegt und 5 Minuten im heißen Ofen gebacken. Damit die Muscheln auf dem Backblech sicher ruhen, ist vorher eine dicke Schicht gewärmtes Kochsalz auf das Backblech zu streuen.

Zutaten: ⅛ Ltr. Madeira, 1 Kochl. Butter, 1 Kochl. Mehl, 2 abgezogene Zwiebeln, ½ Kalbskopf, 250 Gr. Trüffeln, 20 Pfefferkörner, 1½ Liter Wasser, 1 Eßl. Salz.

Mocturtle-Ragout für 6—8 Personen. Man nimmt hierzu einen halben gebrannten Kalbskopf. Den Kopf waschen und die Knochenseite zu unterst in den Topf legen. 1½ Ltr. kaltes Wasser, 20 Pfefferkörner, 1 Eßl. Salz, 2 abgezogene Zwiebeln, ½ Lorbeerblatt gibt man dazu. Fest zugedeckt läßt man den Kopf 2 Stunden mit der Zunge kochen. Den Kopf in der Brühe erkalten lassen, und am besten einen Tag vor Gebrauch kochen. Die Knochen vom Fleisch trennen und dieses mit einem scharfen Messer in gleichmäßige Würfel schneiden. Ebenfalls die Zunge. 1 Kochl. Butter, 2 Kochl. Mehl schwitzt man bei mäßiger Hitze 5 Minuten, nun wird diese mit der Kalbskopfbrühe ausgerührt. ⅛ bis ¼ Ltr. Madeira daran getan, das in Würfel geschnittene Fleisch dazugegeben und mit etwas Farbe die Tunke braun gefärbt. 30 Minuten vor dem Anrichten in einen Topf mit heißem Wasser stellen. Ist die Tunke zu dünn, so wird sie mit 1 Teel. Mondamin oder Maizena sämig gemacht. Man richtet das Ragout mit Blätterteigbrötchen an oder im Reisrand und kann es auch in Blätterteig-Pasteten füllen.

Zutaten: 1 Schweser im Gewicht von 250 Gr., ½ Kochl. Mehlschwitz., ¼ Ltr. Schweserbrühe, 1 Teel. Salz, 1 bis 2 Eßl. süß. Rahm.

Schweserpasteten für 6 Personen. Eine kleine Schweser von 250 Gr. wird vorbereitet und gekocht (siehe unter Zungenragout), hiernach in Würfel geschnitten. ½ Kochl. Mehlschwitze wird mit ¼ Ltr. von der Schweserbrühe ausgerührt. Nachdem die Tunke einmal aufgekocht, wird das Fleisch dazu getan und 1 Teel. Salz und 1—2 Eßl. süßer Rahm. Das Ragout wird bis zum Gebrauch zugedeckt in heißes Wasser gestellt. Man kann Austern dazu nehmen, à Person 1—2 Stück. Den Saft der Austern gießt man an das Ragout. Die Austern werden gebraten und beim Anrichten oben auf die Pastete gelegt.

KALTE VORGERICHTE

Schwedenplatte für 12 Personen.

Zutaten: 4 Heringe, 125 Gr. geräuch. Lachs, 4 hartgekochte Eier, ½ Teel. Senf, 1 Teel. Öl, etw. Zitronensaft, 1 Messerspitze Salz, Kapern, feingehackt. Gurkensal. od. Pfeffergurken, 6 feste Tomaten, 12 gefüllte Oliven, Kaviar oder Sardellenbutter, (125 Gr. Kaviar oder 1 kl. Tube Sardellenbutter) 1 Eßl. Butter, 1 Eßl. gehackte Petersilie.

4 Heringe werden gewaschen, abgezogen, von den Gräten getrennt, dann rollt man die Filets auf und schneidet jede Rolle einmal quer durch. Diese Rollen legt man kranzartig auf eine runde Platte und legt auf jede Heringsrolle eine Butterkugel. Von 125 Gr. geräuchertem Lachs rollt man die Scheiben ebenfalls auf, legt die Lachsrollen auf die Heringsrollen. 4 hartgekochte Eier schneidet man der Länge nach durch; die Eidotter verrührt man mit ½ Teel. Senf und 1 Teel. Öl, etwas Zitronensaft, 1 Messerspitze Salz, streicht diese Masse in die Eiweiß, wobei man das Messer häufig in heißes Wasser tauchen muß. Sind alle Eier vorbereitet, so schneidet man sie in Viertel und verziert sie mit Kapern. Man kann auch als Füllung feingehackten Gurkensalat oder Pfeffergurken nehmen. 6 feste Tomaten werden einmal durchgeschnitten, dann wird das Weiche herausgenommen. 2 hartgekochte Eier verrührt man mit dem Tomatenmark, gibt 1 Eßl. feingehackte Heringsmasse dazu, vielleicht auch etwas Zitronensaft. Diese Masse füllt man in die Tomaten, streut darüber 6—8 feingehackte Pfeffergurken. Die Tomaten legt man im Kranz um die Heringsrollen, dazwischen die Eiviertel. 12 gefüllte Oliven verteilt man dazwischen. Auf den Rand legt man Dreiecke von Brot, vorher geröstet und mit Kaviar oder Sardellenbutter bestrichen. Die Sardellenbutter verrührt man mit 1 Eßl. Butter und 1 Eßl. gehackter Petersilie und 1 Teel. Spinat. In die Mitte der Heringsrollen füllt man eine Remouladentunke.

Kaviar im Eisblock für 6 Personen.

Zutaten: 250 Gr. Kaviar, 1 Eisblock, 3 geschnittene Zitronen, 65 Gr. Butter.

Man nimmt für eine Anrichte 250 Gr. Kaviar und hierzu einen Eisblock. Der Kaviar muß hellgrau aussehen, mild gesalzen und perlend schmecken. Man gibt hierzu 3 in Viertel geschnittene Zitronen, 65 Gr. Butter, in kleine Kugeln gerollt, und 20 geröstete kleine Weißbrotscheiben (Toast).

Kleine Aspikeier mit Remouladentunke für 6 Personen.

Zutaten: 6 Eier, ¾ Ltr. Aspik, 1 Tomate, 3 grüne Pfeffergurken, Trüffeln, 1 Blättchen Petersilie.

Man rechnet 1 Ei auf die Person; für 6 Eier ¾ Ltr. Aspik. Die Eier kocht man in 10 Minuten hart, legt sie in kaltes Wasser, pellt die Schale ab. Nachdem sie vollständig erkaltet sind, schneidet man die Eier der Länge nach einmal durch und legt in die Mitte einen Streifen Tomate, an den Seiten der Tomate einen Streifen grüne Pfeffergurken, Trüffeln oder 1 Blatt Petersilie. Kleine längliche Näpfe füllt man bis zur Hälfte mit dem klaren, kalten, flüssigen Aspik. Die Näpfe stellt man auf eine große Platte mit Eiswasser, legt die dekorierte Seite der Eier auf den inzwischen festgewordenen Aspik und füllt den übrigen, flüssigen Aspik über die Eier. Diese Eier hält man 3 Stunden vor dem Gebrauch fertig. Beim Anrichten hält man die Formen 1—2 Minuten in lauwarmes Wasser, stürzt sie dann auf eine runde Platte und richtet sie kranzartig an. In die Mitte des Kranzes füllt man Remouladentunke. Außerhalb der Eier legt man Krabben, auf den Rand der Platte grüne Sardellenbrötchen.

Krabbenberg, garniert mit gefüllten Eiern, Oliven, Tomaten usw., für 10 Personen. 1 Kilo Krabben wird von der Schale befreit, nur wenn nötig mit etwas Salz gemischt und mit dem Saft ½ Zitrone, dann richtet man die Krabben auf einer runden Platte an, garniert außenherum auf den Rand der Platte dreieckig geschnittene, geröstete Brotscheiben, die man mit Anchovisbutter bestreicht; auf die Anchovisbutter legt man eine kleine Kugel grüner Kräuterbutter.

Sardellenschnittchen mit Lachs für 12 Personen. 20 gut gewässerte Sardellen werden von Haut und Gräten befreit, dann durch ein Sieb gestrichen, mit 65 Gr. Butter und 1 Eßl. feingehackter Petersilie gemischt. Diese Butter wird auf 16 kleine geröstete Brotschnittchen gestrichen; in die Mitte, oben auf die Butter, legt man einen Streifen geräucherten Lachs.

Zutaten: 20 Sardellen, 65 Gr. Butter, 1 Eßl. Petersilie, 16 Brotschnittchen, 65 Gr. Lachs.

Sardellenbrötchen für 4 Personen. 6—8 Sardellen werden gut gewässert, von den Gräten befreit, mit 1 Eßl. Butter durch ein Haarsieb gestrichen, dann mit 1 Teel. feingehackter Petersilie gemischt und auf geröstete Brotstückchen gestrichen.

Zutaten: 6—8 Sardellen, 1 Eßl. Butter, 1 Teel. feingeh. Petersilie.

Heringsrollen in Muscheln mit Remouladentunke für 6 Personen. Matjesheringe werden gewaschen, von der Haut befreit, dann trennt man die Filets vorsichtig von der Gräte, schneidet jedes Filet einmal durch, so daß man von einem Hering 4 Stücke bekommt, diese rollt man einzeln auf, legt die Rolle in eine kleine Muschel und füllt darüber folgende Tunke. Man kann auch zur Verschönerung einige Krabben um die Rollen legen. Die Tunke hierzu: 3 Eidotter rührt man mit 1 Messerspitze Salz in einer Schüssel 5 Minuten, daran gießt man tropfenweise unter Rühren ¼ Ltr. Öl, hiernach gibt man nach Geschmack 1 Eßl. Essig und 1 Eßl. feingehackte Kräuter zu. Die Kräuter stellt man susammen aus reichlich Petersilie, etwas Kerbel, Estragon, wenig Schnittlauch. Die Muscheln zum Anrichten dürfen nicht zu klein sein.

Zutaten: 3 Matjesheringe, ½ Kilo Krabben, 3 Eidotter, eine Messerspitze Salz, ¼ Ltr. Öl, 1 Eßl. Essig, 1 Eßl. Kräuter.

Pampelmusen, grape fruits, für 10 Personen. Diese appetitanregende Frucht kann man auch in der kalten Jahreszeit servieren; man rechnet für 2 Personen eine Frucht im Gewicht von 250 Gr.; ist man gezwungen, größere Früchte zu kaufen, so rechnet man 4 Personen auf eine Frucht. Diese legt man 3 Stunden vor dem Anrichten in Eis. Die großen Früchte schneidet man in Viertel, die kleineren, welche ansehnlicher bleiben, in 2 Stücke; man befreit sie vom Kernhaus, dann zackt man den Rand mit einem scharfen Messer aus, hiernach löst man das Fleisch von der Schale, dann füllt man in die Mitte 3 leuchtend rote Kirschen, streut etwas Zucker über die Früchte und träufelt beim Anrichten Maraschino darüber.

Zutaten: 5 Früchte, ½ Glas Kirschen, ⅛ Ltr. Maraschino.

Austernaspik in kleinen Becherformen für 12 Personen.

Zutaten: 24 holländ. Austern, ⅛ Ltr. Weißwein, ½ Kilo Kalbfleisch, 1½ Ltr. Wasser, 65 Gr. feinster Kaviar. Zur Tunke: 4 Eidotter, 1 Messerspitze Salz, 65 Gr. Butter, ¼ Ltr. Aspik, 1 Teel. Petersilie, 1 Teel. Spinat, 2 Teel. Zitronensaft.

⅛ Ltr. Weißwein bringt man ins Kochen, dann schüttet man 24 holländische Austern in den kochenden Wein, läßt die Austern zugedeckt 1 Minute ziehen; dann stellt man den Topf zum Erkalten beiseite. Man bereitet 1 Ltr. hellen Aspik von ½ Kilo Kalbfleisch und 1½ Ltr. Wasser (siehe Bereitungsweise unter: Aspik); kleine Becherformen füllt man bis zur Hälfte mit dem kalten, flüssigen Aspik; wenn dieser anfängt, dick zu werden, legt man ¼ Teel. feinsten Kaviar in die Mitte, darauf 2 abgetropfte Austern; nun gießt man langsam an den Rand der Form wieder kalten, flüssigen Aspik, bis die Austern bedeckt sind, und stellt die Formen recht kalt; man hält sie 4 Stunden vor dem Gebrauch fertig. Beim Anrichten hält man die Form in lauwarmes Wasser und stürzt sie vorsichtig auf eine runde Platte. In die Mitte füllt man folgende Tunke: 4 Eidotter, 1 Messerspitze Salz, 65 Gr. Butter, ¼ Ltr. Aspik, 1 Teel. Petersilie, 1 Teel. Spinat, 2 Teel. Zitronensaft, 4 Eidotter rührt man mit 1 Messerspitze Salz 10 Minuten, dann gießt man tropfenweise unter Rühren 65 Gr. kochende Butter dazu; die Butter darf nicht braun werden. Hiernach kommen ¼ Ltr. flüssiger Aspik, 1 Teel. abgekochter und durchgestrichener grüner Spinat, 1 Teel. feingehackte Petersilie und 2 Teel. Zitronensaft. Hiernach streicht man die Tunke durch ein feines Sieb; sie muß zart grün aussehen und lieblich schmecken. Man stellt die Tunke 3 Stunden vor dem Gebrauch auf Eis und rührt sie inzwischen öfter um. Außerhalb der Austernaspikbecher legt man, um die Platte zu verschönern, Sardellenschnittchen mit Lachs oder Chesterbrötchen mit Radiesbutterkugeln.

Anchovisbutter für 12—20 Schnittchen. Hierzu verwendet man die in Tuben käufliche Anchovispasta; man mischt hiervon 2 Eßl. mit 2 Eßl. frischer Butter, streicht die Masse auf geröstetes Brot.

Einfache Schwedenplatte für 8 Personen.

Zutaten: 4 Matjesheringe, 125 Gramm geräucherter Lachs, ½ Glas Oliven, 6 hartgekochte Eier, 16 rote Radies, 1 Tube Sardellenbutter.

Die Heringe werden gewaschen, die Haut wird abgezogen und das Fleisch von der Gräte getrennt. Nun werden die Filets aufgerollt, dann nebeneinander kreuzartig auf eine runde Platte gelegt. Die Oliven schält man hart vom Stein, legt 1 Messerspitze frische Butter in die Oliven und rollt sie wieder zusammen. Die Eier pellt man ab, schneidet sie dann der Länge nach einmal durch, verrührt die harten Eidotter mit 1 Teel. Senf und 2 Eßl. Öl, recht glatt streicht man diese Masse in das Eiweiß. Hierbei muß man das Messer öfter in heißes Wasser tauchen, damit das Eiweiß die weiße Farbe behält. Sind alle vorbereitet, dann schneidet man die Eier wieder in Viertel. Die geräucherten Lachsscheiben rollt man auf, schneidet diese in 5 cm lange Stücke, legt sie dann zu den Heringsrollen und gibt auf die Heringsrollen kleine Butterkugeln. 1 Eßl. Sardellenbutter mischt man mit 2 Eßl. frischer Butter und 1 Eßl. feingehackter Petersilie. 15 kleine, runde, ausgestochene Brotscheiben werden im Ofen hellgelb geröstet und, nachdem sie erkaltet, mit Sardellenbutter bestrichen. Die Radieschen werden recht fein gerieben, am besten dient hierzu die Mandelmühle. Dann nimmt man 1 Eßl. frische Butter und rührt sie tüchtig mit 1 Eßl. Rotebeetesaft und den geriebenen Radieschen. Nun formt man von dieser Radieschenbutter recht kleine Butterkugeln. 3—5 von diesen sind in die Mitte recht hoch auf die Sardellenbrötchen zu legen. Die Eiviertel gibt man außerhalb der Heringsrollen auf die Platte. Zwischen die Eiviertel legt man die Sardellenbrötchen und verteilt die Oliven. In die Mitte der Schüssel füllt man Remouladentunke. Diese rührt man von 3 Eidottern und ¼ Ltr. Öl (siehe Tunken). Die Schwedenplatte gibt man als Vorgericht beim Frühstück oder Mittagessen. Statt der Oliven und Eier kann man für 10 Personen 1 Kilo ausgemachte Krabben verwenden.

Kalte pikante Bröte für 6 Personen. 12 Weißbrotscheiben werden geröstet. 1 Eßl. feingehackter Schinkenspeck wird mit ebensoviel Butter 5—10 Minuten schaumig gerührt, dazu gibt man ½ Teel. Senf, 2 harte feingehackte Eidotter, 1—2 Teel. Essig, 1 Teel. Öl. Hiernach einen vorher gut gewässerten, von Haut und Gräte befreiten Hering. Nachdem die Masse auf die kaltgewordenen Bröte gestrichen ist, garniert man die Brötchen obenauf mit Streifen von Pfeffergurke und Zunge oder gekochtem Schinken. Statt Fleisch kann man auch Lachsstreifen nehmen und Kapern dazwischenlegen oder Tomatenstreifen.

Zutaten: 12 Weißbrotscheiben, 1 Eßl fetter Schinkenspeck, 1 Eßl. Butter, ½ Teel. Senf, 1—2 Teel. Essig, 1 Teel. Öl, 1 Hering, Pfeffergurken, 2 hartgekocht. Eidotter.

Melone im Eisblock für 8 Personen. Die Melone legt man 3 Stunden vor dem Gebrauch in Eis, dann schneidet man den Deckel ab, entfernt mit einem silbernen Löffel die Fasern und Kerne. Dann holt man große Scheiben ebenfalls mit dem silbernen Löffel heraus, legt diese wieder in die Melone, stellt dieselbe in einen dafür ausgehöhlten Eisblock. Diesen richtet man auf einer Serviette an, serviert dabei Zucker, geriebenen Ingwer und gestoßenen weißen Pfeffer. Es eignen sich hierzu am besten die Netzmelone, Kantalupe und die grüne Wassermelone; Kantalupe ist jeder anderen Sorte vorzuziehen. Dieses Vorgericht eignet sich nur für die heiße Jahreszeit.

Zutaten: 1 Melone im Gewicht von 2 Kilo, Zucker, gerieb. Ingwer, gestoßen. weißer Pfeffer.

Kräuterbutter für 12 Personen verwendet man zu allen gebratenen und gedämpften Fischen, in gerührtem Zustande oder in kleine Kugeln gedreht. Die Butter ist auch für geröstete Brötchen geeignet. Die frischen Kräuter müssen 3—4mal in reichlichem kalten Wasser gewaschen werden, dann, mit einem Tuche ausgedrückt, werden sie recht fein gehackt und mit 125 Gr. frischer Butter gemischt; zum Bestreichen der Brötchen genügt die Hälfte der angegebenen Butter. Die Kräuter stellt man zusammen aus: 2 Eßl. frischer Petersilie, ½ Eßl. Kerbel, ½ Eßl. Estragon, 1 Messerspitze Schnittlauch, 1 Messerspitze Thymian.

Gefüllte Oliven für 8 Personen. Man nimmt beim Einkauf ½ Glas, welches ungefähr 8—10 Oliven enthält; diese werden scharf vom Stein geschält, doch so, daß sie nicht zerfallen; nachfolgende Masse füllt man in die Oliven, dann drückt man die Frucht zusammen, damit sie ihre Form wieder erhält. 2 hartgekochte Eidotter verrührt man mit ebensoviel Butter, eine Messerspitze feingehackter Petersilie gibt man dazu. Diese Oliven gibt man als Beilage zu jedem großen Braten oder kalten Fisch.

Gefüllte Tomaten. Tomaten werden mit durchgestrichenen Sardellen und Remouladentunke gefüllt. 6 Sardellen rechnet man auf 3 Tomaten.

Gefüllte Eier. Verwendet man diese zur Garnierung, so genügt ½ Ei für die Person. 6 Eier werden 10 Minuten langsam gekocht, dann legt man sie in kaltes Wasser, pellt die Schale ab und halbiert die Eier. Die gelben Eidotter streicht man durch ein Sieb, sodann verrührt man sie mit ½ Teel. deutschem Senf, 1 Teel. Öl, ½ Teel. Zitronensäure und gibt Salz nach Geschmack dazu; diese Masse füllt man in das Eiweiß zurück, zum Glattstreichen taucht man das Messer öfters in lauwarmes Wasser. Zur Erhöhung des Farbenreizes legt man grüne Kapern darauf.

Zutaten: 65 Gr. Radies, 1 Teel. Rotebeetsaft, 65 Gr. Butter, 65 Gr. Chesterkäse, 2 Lagen Kresse, ½ Kochlöffel Butter.

Chesterkäsebröte mit Radieschenbutter für 6 Personen. Die Radieschen werden gerieben, mit der Butter und dem Rotebeetesaft verrührt; dann formt man kleine Kugeln, legt diese nebeneinander auf einen Teller und stellt den Teller 1 Stunde vor dem Gebrauch auf Eis. 12 Weißbrotscheiben werden rund ausgestochen, dann in ½ Kochl. Butter hellbraun gebraten, hiernach mit 1 Teel. geriebenem Chesterkäse belegt, auf den Käse legt man ein Häufchen Kresse, in die Kresse hinein legt man 5 Radiesbutterkugeln.

Zutaten: ein 1-Meter-Brot, 1 große Tube Sardellen, 65 Gramm frische Butter, 2 Eßl. feingehackte Petersilie, 1 Teel. Spinat, 2 ganze hartgekochte Eier, 3 große Trüffeln, 8 Radies, 125 Gr. gekochte Zunge.

Gefülltes Brot für 10 Personen. Man gibt das Brot zum Adendessen, zum Frühstück oder zum Tee. Man bestellt hierzu beim Bäcker ein 1-Meter-Brot, die Hälfte von diesem Brot wird ausgehöhlt und das Brot beiseitegelegt. Die zweite Hälfte des Brotes wird der Länge nach durchgeschnitten. Dann nimmt man die Krumen heraus, sämtliche Krumen werden mit dem Inhalt einer großen Tube Sardellenbutter gemischt. 65 Gr. frische Butter, 2 Eßl. feingehackte Petersilie, 1 Teel. Spinat gibt man dazu und verknetet es zu einer gleichmäßigen grünen Farbe. Nun füllt man die Masse in das vorher beiseitegelegte, ausgehöhlte Brot, abwechselnd mit 2 ganzen hartgekochten Eiern, 3 großen Trüffeln und Radies und 125 Gr. gekochter Zunge. Diese ist in drei dünne Streifen zu schneiden. Ist alles so vorbereitet, wird das Brot 4 Stunden vor dem Gebrauch in den Eisschrank oder in einen kalten Raum gestellt. Beim Gebrauch schneidet man das festgewordene Brot mit einem scharfen Messer in gleiche Scheiben und richtet diese auf einer runden Platte an.

SUPPEN

Der Suppentopf. Ein zugeschrobener Dampfkocher darf in keinem Haushalt fehlen. Die Töpfe sind in allen Größen vorrätig und in Haushaltungsgeschäften erhältlich. Für Suppen muß das Fleisch oder das Geflügel frisch geschlachtet sein. Von altem abgehangenem Fleisch wird die Brühe trübe. Um gute Fleischbrühe zu haben, darf das Wasser nur langsam erhitzt werden, damit das Eiweiß nicht im Innern gerinne, bevor es ausgezogen worden ist. Ferner darf das Wasser kaum sieden, damit die verschiedenen Teile, die nach und nach aufgelöst werden, sich vollständig und ohne Unruhe vereinigen können. Wenn das Fleisch mit kaltem Wasser angesetzt wird, so löst sich zuerst der Blutfarbstoff, der darinnen ist, dann das Eiweiß, die Salze, die im Wasser löslichen besonderen Fleischstoffe und die organischen Säuren. Kommt das Wasser dem Kochpunkte nahe, so gerinnt das Eiweiß des Blutes und das in dem Wasser schon gelöste und schwimmt als Schaum oben auf, den man nicht abnimmt.

Zutaten: 1 Kilo Rindfleisch, 2 Kilo Kalbfleisch, 3 Ltr. kaltes Wasser, 1 Eßl. Salz. Suppenkraut, 1 weiße Petersilienwurzel, 1/2 Knolle Sellerie.

Kraftbrühe für 6—8 Personen. Diese für die höhere Kochkunst unentbehrliche Brühe wird zu allen klaren Suppen oder Tunken gebraucht. Man schneidet das Fleisch in Würfel und bräunt es im geschlossenen Topf zirka 30 Minuten. Ist das Fleisch nicht braun genug, legt man den Deckel beiseite, läßt den Fleischsaft vollständig einkochen, bis sich am Boden des Topfes eine dunkelbraune Farbe zeigt; gießt 3 Ltr. kaltes Wasser auf das Fleisch, gibt 1 Eßl. Salz, etwas Suppenkraut, 1 weiße Petersilienwurzel, 1/2 Knolle Sellerie dazu, schließt den Topf fest und läßt die Brühe langsam 3 Stunden kochen. Langsames Kochen erhöht den Geschmack der Brühe. Diese Brühe ist auch für dunkle, abgerührte Suppen verwendbar. Zum Abrühren der weißen Suppen nimmt man Huhn- oder Kalbfleischbrühe.

Zutaten: Abfälle von Hirsch, Reh, Hasen oder auch d. Knochenreste der Wildbraten, 10 Pfefferkörner, 1 Eßl. Salz, 3 1/2 Ltr. Wasser, etwas Suppenkraut.

Wildbrühe für 8 Personen. Hierzu können die Abfälle vom Hirsch, Reh, Hasen oder auch die Knochenreste der Wildbraten benutzt werden. Ist viel Wild in der Küche zu verarbeiten, so trennt man das Fleisch von 2 Reh- oder Hirschblättern, hackt die Knochen in kleinere Stücke, bräunt das Ganze mit 10 Pfefferkörnern, 1 Eßl. Salz im geschlossenen Topf, gibt hernach 3 1/2 Ltr. Wasser, etwas Suppenkraut dazu und kocht die Brühe im festgeschlossenen Topf 3 Stunden langsam. Die durch ein Sieb gegossene Brühe muß zum Abrühren brauner Wildsuppen verwendet werden. Alte Rebhühner, Fasanen, Birk- und Schneehühner verbraucht man ebenso.

Einfache Kartoffelsuppe für 4 Personen. 1/2 Kilo geschälte Kartoffeln werden gewaschen, bis zur Hälfte bedeckt mit kaltem Wasser angesetzt und zugedeckt in 30 Minuten weich gekocht. Nach dieser Zeit wird das Wasser abgegossen, die Kartoffeln werden trocken gedämpft und schnell durch ein Sieb gestrichen.

1 Teel. Butter, 2 Teel. Mehl schwitzt man im Topfe, gibt die Kartoffelmasse dazu, verrührt alles gut, und danach gibt man das Kartoffelwasser nach und nach dazu und 1 Ltr. kochendes Wasser oder Knochenbrühe. 4 Wurzeln werden geschabt, gewaschen, in feine Streifen geschnitten. Von 2 Stangen Porree werden die schlechten Blätter entfernt, der Porree wird gewaschen und auch in Streifen geschnitten. Diese Streifen werden mit 1/4 Ltr. kochendem Wasser angesetzt und zugedeckt 30 Minuten gekocht und dann zur fertigen Suppe gegossen. 1 Eßl. geräucherten Speck schneidet man in Würfel, 2 kleine Zwiebeln werden abgezogen, in Würfel geschnitten und mit dem Speck in einer kleinen Pfanne oder in einem kleinen Topf kroß gebraten, jedoch nicht schwarz werden lassen. Den Speck gießt man auch in die fertige Suppe, außerdem gibt man beim Anrichten 1 Eßl. feingehackte Petersilie, 1 gehäuften Teel. Salz und auch nach Geschmack etwas geriebenen Pfeffer dazu. Außerdem kann man noch kleine Brotbröckchen in Butter geröstet als Einlage in der Suppe verwenden.

Beaftee. Man bereitet diese Brühe hauptsächlich für Kranke. Ein junges Huhn wird gewaschen, mit den Knochen in kleinere Stücke gehackt. Das Fleisch schneidet man in kleine Würfel und gibt 1/2 Teel. Salz dazu, füllt diese Teile in ein breites, hohes Einmacheglas, verschließt dasselbe mit Pergamentpapier und legt oben auf das Papier ein feuchtes Tuch. Nun stellt man das Glas in einen Kochtopf mit lauwarmem Wasser und läßt es 3 Stunden langsam kochen. Der Fleischsaft wird durch ein Sieb gegossen. Ist die Brühe vollständig erkaltet, muß sie entfettet werden.

Zutaten: 1 jung. Huhn, 125 Gr. schier. Ochsenfleisch, 125 Gr schier. Kalbfleisch, 1/2 Teel. Salz.

Huhnbrühe für 6 Personen. Ein Huhn im Gewichte von 2 Kilo wird ausgenommen, gewaschen, mit 3 Ltr. kaltem Wasser angesetzt, 3 Stunden langsam gekocht, die Brühe wird durch ein Sieb gegossen und dann entfettet. Diese Brühe verwendet man zum Ausrühren feiner Suppen. Die Magen von jedem Geflügel werden mit der Brühe gekocht. Statt des Huhnes sind auch 6 alte Tauben zu verwenden.

Zutaten: 1 Huhn im Gewicht von 2 Kilo, 3 Ltr. kaltes Wasser.

Grüne Spargelsuppe für 12 Personen. Zu der Brühe nimmt man ein großes, altes Suppenhuhn oder Kalbfleisch, setzt das Fleisch mit 3 1/2 Ltr. Wasser und 1 Eßl. Salz an und kocht die Brühe 3 Stunden recht langsam im festgeschlossenen Topf. 6 Eidotter und 65 Gr. feinste Butter rührt man mit der Schneerute 5—10 Minuten, quirlt die entfettete, kochende Suppe beim Anrichten hiermit ab und gießt sie nochmals durch ein Sieb. Als Einlage sind die zarten jungen Enden vom Spargel (Köpfe) zu nehmen; diese schneidet man in kleine Stücke, setzt sie mit 1/2 Ltr. kockendem Wasser und 1 Messerspitze Natron an, kocht sie im geschlossenen Topf 15 Minuten und gießt sie hiernach auf

Zutaten: 2 Bund grüne Spargelspitzen. 1 groß. altes Suppenhuhn im Gewichte von 2 Kilo oder Kalbfleisch, 3 1/2 Ltr. Wasser, 6 Eidotter, 65 Gr. Butter.

ein Sieb zum Abtropfen; die grün aussehenden Spitzen werden in die Suppe gelegt. Die Suppe ist vor dem Anrichten mit 1 Eßl. abgekochtem gesiebtem Spinat grün zu färben.

Zutaten: 4 kleine weiße Mairüben, 2 gelbe Wurzeln, 3 Petersilienwurzeln, 1 Stange Porree, ½ Kn. Sellerie, 2 Ltr. koch. Knochenbrühe, 1 Teel. feingeh. Petersilie,

Rübchensuppe für 4 Personen. Sämtliche Zutaten werden geschält, in kleine Würfel geschnitten, dann mit 2 Ltr. kochender Knochenbrühe von Schweinebraten oder Hammelfleisch oder Schinken oder Zungenbrühe angesetzt, 1 Stunde im geschlossenen Topf gekocht. 1 Kochl. Mehlschwitze rührt man mit dieser Suppe aus. Beim Anrichten gibt man an die Suppe 1 Teel. feingehackte Petersilie. Auch kann als Einlage Eierstich, bereitet von 3 ganzen Eiern, verwendet werden.

Zutaten: 1 Kilo schier. Ochsenfleisch, 2 Ltr. kaltes Wasser, 2 Ltr. Palerbsen, 1 Messerspitze Natron, ⅛ Ltr. koch. Wasser, 6 junge Karotten, ½ Ltr. koch. Wasser, 1 kl. Blumenkohl, Salzwasser, eine ¼-Kilo-Dose Spargel, 65 Gr. Morcheln, 65 Gr. Schnittbohnen.

Frühlingssuppe für 6 Personen. 1 Kilo schieres Ochsenfleisch wäscht man, setzt es mit 2 Ltr. kaltem Wasser an und kocht die Brühe langsam 2—3 Stunden. 2 Ltr. Palerbsen setzt man mit 1 Messerspitze Natron, ⅛ Ltr. kochendem Wasser an, dämpft sie im geschlossenen Topf in 30 Minuten weich und stellt sie zum Erkalten beiseite. Eine Handvoll der Erbsenschale läßt man in der Brühe kochen, 6 junge Karotten werden geschält, mit ½ Ltr. kochendem Wasser angesetzt, im geschlossenen Topf 40 Minuten gekocht und beiseitegestellt. 1 kleinen Blumenkohl, der vorher in reichlichem kalten Salzwasser 1 Stunde gelegen, setzt man mit ½ Ltr. kochendem Wasser im geschlossenen Topf an und läßt ihn langsam 15—30 Minuten kochen. Durch rasches Kochen wird der Blumenkohl unansehnlich. Den Inhalt einer ¼-Kilo-Dose Spargel schneidet man in Würfel, 65 Gr. Morcheln in Streifen, 65 Gr. Schnittbohnen werden abgezogen, recht lang und dünn geschnitten, gewaschen, mit ½ Ltr. kochendem Wasser, 1 Messerspitze Natron angesetzt, im geschlossenen Topf 20 Minuten gekocht, dann auf ein Sieb zum Abtropfen gegossen. Diese Gemüse werden in die Terrine mit 1 gehäuften Teel. feingehackter Petersilie gelegt, dann die mit 1 Eßl. Salz abgeschmeckte Brühe dazugetan.

Zutaten: 2 jg. Hühner, 1 Kilo Kalbfleisch, 3½ Ltr. kaltes Wasser, 1 Eßl. Salz, 1 Eßl. Tapioka, 1 Teel. feingehackte Petersilie, 3 Eidott., ½ Teel. Curry.

Huhnsuppe für 12 Personen. Man trennt das Brustfleisch von 2 jungen Hühnern. Alles übrige wird mit 1 Kilo Kalbfleisch und Hühnermagen zerhackt, bräunt dieses im geschlossenen Topf etwa 30 Minuten und gibt 3½ Ltr. kaltes Wasser und 1 Eßl. Salz auf diese Knochenreste, läßt die Brühe im festgeschlossenen Topf 3 Stunden langsam kochen. Hierauf gießt man sie durch ein Sieb, entfettet sie, bringt die Suppe nochmals ins Kochen, gibt 1 Eßl. Tapioka dazu und läßt die Suppe noch langsam 10—20 Minuten kochen. Das rohe Brustfleisch gibt man mit der Geflügelleber durch die Maschine. Ein geschältes Rundstück wird 1 Minute in heißer Milch geweicht, dann ausgedrückt, mit dem Fleisch gemischt, 1 Teel. feingehackte Petersilie, 3 Eidotter und Salz nach Geschmack dazugegeben. Nun streicht man das Ganze durch ein Sieb, füllt diese Farce in eine mit Butter ausgestrichene Schüssel, tut diese in einen Topf mit kochendem Wasser, legt einen Deckel auf die Schüssel und stellt das Ganze 30—40 Minuten in den nicht zu heißen Ofen. Nachdem diese Masse vollständig erkaltet, schneidet man sie in Streifen oder Würfel (ebenso wie beim Eierstich) und verwendet diese als Einlage der Suppe. 1/2 Teel. Curry an die Brühe gegeben, erhöht den Geschmack der Suppe. Diese Suppe ist für Kranke geeignet.

Jägersuppe für 12 Personen. 6 starke überjährige Rebhühner werden gewaschen, mit 3 Ltr. kaltem Wasser, 1 Eßl. Salz, 10 Pfefferkörnern, 1 Stange Porree, 1/2 Kopf Sellerie angesetzt, im fest geschlossenen Topf langsam 2 Stunden gekocht. 250 Gr. gewaschene und am Tage vor dem Gebrauch mit 1 Ltr. kaltem Wasser eingeweichte Linsen werden mit diesem Quellwasser angesetzt und 2 Stunden langsam gekocht, nach und nach wird die entfettete Rebhuhnbrühe dazugegeben. 6 Löffel der weichgekochten Linsen verwendet man als Einlage der Suppe, ebenfalls das in Streifen geschnittene Brustfleisch von 2 Hühnern. Die übrigen Linsen und das Fleisch der Rebhühner streicht man durch ein Sieb. 1/2 Kochl. Mehlschwitze mit dem Linsenmus und der Brühe verrührt. Beim Anrichten kann nach Geschmack ein Kochl. frische Butter und, wenn nötig, noch etwas Salz hinzukommen.

Zutaten: 6 starke überjährige Rebhühner, 3 Ltr. kaltes Wasser, 1 Eßl. Salz, 10 Pfefferkörner, 1 Stg. Porree, 1/2 Kopf Sellerie, 250 Gr. Linsen, 1 Ltr. kalt. Wasser 1/2 Kochl. Mehlsc'witz., 1 Kochl. frische Butter, 1 Teel. Salz.

Hamburger Aalsuppe für 12 Personen. Man verwendet einen Schinkenknochen und 1 1/2 Kilo Ochsenfleisch. Dieses ist mit 3 Ltr. kaltem Wasser anzusetzen und die Brühe im fest verschlossenen Topf recht langsam 3 Stunden zu kochen. 15 Ltr. Palerbsen setzt man mit 1/2 Ltr. kochendem Wasser und einer Messerspitze Natron an, kocht sie im geschlossenen Topf 30 Minuten, stellt sie beiseite. 1 Ltr. Karotten, 10 junge weiße Petersilienwurzeln, 6 Mairüben werden geschabt, in kleine Würfel geschnitten, mit 1 Ltr. kochendem Wasser angesetzt und im geschlossenen Topf 1 Stunde gekocht. 1 1/2 Kilo Aal schneidet man in 12 Stücke, setzt ihn, nachdem er gewaschen, mit 1/4 Ltr. Essig, 1/2 Ltr. Wasser, 20 Pfefferkörnern, 1 Zwiebel, 1 Lorbeerblatt, 1 Eßl. Salz an, bringt den Aal im zugedeckten Topf ins Kochen, stellt ihn beiseite und läßt ihn langsam 30 Minuten ziehen. 1/2 Kilo gemischtes Backobst wird 2—3 mal mit heißem Wasser gewaschen. Man setzt das Obst mit 1 Ltr. kaltem Wasser an und läßt es 2 Stunden langsam kochen. 4 Kochl. Mehlschwitze rührt man nun mit der Brühe aus. 125 Gr. frische Aalkräuter, welche man aus Estragon, Thymian, Majoran, ein wenig Salbei, Petersilie, Kerbel und Basilikum zusammenstellt, werden 3—4 mal in reich-

Zutaten: 1 Schinkenknochen, 1 1/2 Kilo Ochsenfleisch, 3 Ltr. kaltes Wasser, 15 Ltr. Palerbsen, 1/2 Ltr. Wasser, 1 Ltr. Karott., 10 junge weiße Petersilienwurzeln, 6 Mairüben, 1 1/2 Kilo Aal, 1/4 Ltr. Essig, 20 Pfefferkörner, 1 Zwiebel, 1 Lorbeerblatt, 1 Eßl. Salz, 1/2 Kilo gemischt. Backobst, 4 Kochl. Mehlschwitze, 125 Gr. frische Aalkräuter, 65 Gr. Zucker, 1/4 Ltr. Weiß- oder Rotwein.

lichem frischen Wasser gewaschen, im Tuch ausgedrückt und feingehackt. Die Kräuter läßt man mit der Suppe 5 Minuten kochen, dann gibt man das Gemüse und Backobst mit dem Wasser dazu. Ebenfalls die Aalbrühe; diese muß durch ein Sieb gegossen werden. Man schmeckt die Suppe mit 65 Gr. Zucker, ¼ Ltr. Weiß- oder Rotwein ab. Zur Aalsuppe gibt man Schwemmklöße. Diese bereitet man von 125 Gr. Mehl, 125 Gr. Butter, ¼ Wasser, 6 Eiern. (Siehe unter Schwemmklöße.)

Zutaten: ½ Kilo schieres Ochsenfleisch od. Knochenreste, 2 Ltr. kaltes Wasser, 1 Eßl. Salz, 10 Pfefferkörnern, 1 Eßl. Sago, ½ Bleichsellerie.

Suppe mit Bleichsellerie für 6 Personen. Schieres Ochsenfleisch oder Knochenreste setzt man mit 2 Ltr. kaltem Wasser, 1 Eßl. Salz und 10 Pfefferkörnern an, kocht das Ganze im geschlossenen Topf 2 Stunden. Man gießt die Brühe durch ein Sieb, bringt dann die Brühe ins Kochen, gibt 1 Eßl. Sago dazu, kocht die Suppe hiermit 10 Minuten. Der Sellerie wird geschält, auch die Knolle und die Rippen; man schneidet das Ganze in recht feine Streifen, setzt den Sellerie mit ½ Ltr. kochendem Wasser an und kocht ihn langsam 1 Stunde. Man gießt ihn beim Anrichten mit dem Wasser in die fertige Suppe.

Zutaten: ½ Kilo Wurzeln, 125 Gr. roher Schinken, 1 Zwiebel, 2 Ltr. koch. Knochenbrühe, ½ Kochlöffel Mehlschwitze, 1 Eßl. Zucker, 1 Teel. Salz, 1 Eßl. feingehackte Petersilie, 1 Eßl. körnig gekochter Reis. Statt Wurzeln nimmt man auch Karotten.

Rote Wurzelsuppe für 6 Personen. ½ Kilo Wurzeln werden geschabt, gewaschen, mit 125 Gr. rohem Schinken, 1 Zwiebel, 2 Ltr. kochender Knochenbrühe angesetzt, 1 Stunde gekocht, dann scharf durch ein Sieb gestrichen. ½ Kochl. Mehlschwitze rührt man mit dem Wurzelpüree und der Brühe glatt und gibt dann nach Geschmack 1 Eßl. Zucker, 1 Teel. Salz und 1 Eßl. feingehackte Petersilie dazu. Als Einlage ist 1 Eßl. körnig gekochter Reis zu nehmen. Mit der Petersilie darf die Suppe nicht mehr kochen.

Zutaten: 1 Suppenhuhn im Gewicht von 1 Kilo, 2½ Ltr. kaltes Wasser, 1 Eßl. Salz, ½ Kilo Erdäpfel, 1 gehäufter Kochl. Mehlschwitze, 2 Eidotter, 2 Eßl. Schlagrahm.

Erdäpfelsuppe für 6 Personen. Für Kranke geeignet. Ein Suppenhuhn im Gewichte von 1 Kilo oder Ochsenfleisch oder Kalbfleisch setzt man mit 2½ Ltr. kaltem Wasser an und gibt 1 Eßl. Salz dazu. Man kann auch Knochenreste vom Kalbs- oder Schweinebraten verwenden. Man kocht die Brühe im geschlossenen Topf langsam 2 Stunden. ½ Kilo Erdäpfel werden geschält, 4 Stück beiseite gelegt, die übrigen mit der Brühe 1 Stunde gekocht. Man nimmt sie heraus und streicht sie durch ein Sieb. Die übrigen Erdäpfel schneidet man in Streifen, setzt sie mit ¼ Ltr. kochender Brühe an und kocht sie im geschlossenen Topf 20—30 Minuten. Man verwendet sie als Einlage. 1 gehäuften Kochl. Mehlschwitze rührt man mit der Brühe aus, gibt die gesiebten Erdäpfel dazu, kocht die Suppe einmal auf und quirlt sie mit 2 Eidottern ab. Die Eidotter müssen vorher 10 Minuten in der Schüssel gerührt werden. Der feste Schnee von 2 Eßl. Schlagsahne ist dazuzugeben. (Erdäpfel oder Erdartischocke, auch Topinambur genannt.)

Endiviensuppe für 6—8 Personen. Man nimmt 1 Suppenhuhn, setzt es mit 2½ Ltr. Wasser an, gibt 1 Eßl. Salz und etwas Suppenkraut dazu, kocht die Brühe im fest geschlossenen Topf 2 Stunden. 2 Kopf Endivien werden gewaschen, mit ¼ Liter kochendem Wasser und 1 Messerspitze Natron angesetzt, im geschlossenen Topf 10 Min. gekocht. 125 Gr. Spinat wäscht man 2—3 mal mit kaltem Wasser, gibt ihn dann zu den Endivien, läßt beides noch 10 Minuten kochen und gießt das Ganze auf ein Sieb zum Abtropfen und streicht es durch das Sieb. 2 Kochl. Mehlschwitze rührt man mit der Brühe aus und gibt das Endivienpüree dazu, kocht die Suppe einmal auf und quirlt sie mit 3 Eidottern ab. Die Eidotter müssen vorher in der Schüssel 5—10 Minuten tüchtig gerührt werden. Beim Anrichten gießt man die Suppe nochmals durch ein Sieb und füllt den festen Schnee von 2 Eßl. Schlagrahm dazu. Die Suppe muß sogleich serviert werden. Als Einlage nimmt man das in Streifen geschnittene Brustfleisch vom Huhn.

Zutaten: 1 Suppenhuhn im Gewicht von 2 Kilo, 2½ Ltr. kaltes Wasser, 1 Eßl. Salz, etwas Suppenkraut, 2 Kopf Endivien, ¼ Ltr. kochendes Wasser, 1 Messerspitze Natron, 125 Gr. Spinat, 2 Kochl. Mehlschwitze, 2 Eßl. Schlagrahm.

Champignonsuppe für 8 Personen. Hierzu nimmt man ein großes, altes Suppenhuhn, setzt es mit 3 Ltr. kaltem Wasser, etwas Suppenkraut und 1 Eßl. Salz an und kocht die Brühe recht langsam 3 Stunden. 250 Gr. Champignons werden geputzt und während des Putzens in ausgerührtes Mehlwasser gelegt. (Man rührt 65 Gr. Mehl mit ¼ Liter kaltem Wasser aus.) Sind alle Champignons vorbereitet, werden sie 2—3 mal mit reichlichem kalten Wasser gewaschen. 8 in dünne Scheiben geschnittene Champignons sind mit 1 Teel. Butter und 1 Teel. Zitronensaft anzusetzen und im geschlossenen Topf unter öfterem Schütteln recht langsam 10 Minuten zu kochen. Die übriggebliebenen Champignons werden gehackt. 2 Kochl. Mehlschwitze rührt man mit der Hälfte der Brühe aus, gibt die gehackten Champignons dazu und läßt die Suppe zugedeckt langsam ¾ Stunde kochen. Nun gibt man die übrige Brühe dazu und quirlt die Suppe mit 3 Eidottern ab. Die Eidotter müssen aber vorher in der Schüssel mit 1 Teel. Salz 6 Minuten tüchtig gerührt werden. Zuletzt legt man den festen Schnee von ⅛ Ltr. Schlagrahm und die in Scheiben geschnittenen Champignons als Einlage in die Suppe. Ohne Schlagrahm ist diese Suppe auch für Kranke geeignet. Man läßt dann die Champignons mit der Suppe kochen und gibt sie nicht als Einlage, weil sie für Kranke zu schwer sind.

Zutaten: 1 alt. Suppenhuhn im Gewicht von 2 Kilo, 3 Ltr. kaltes Wasser, etw. Suppenkraut, 1 Eßl. Salz, 250 Gr. Champignons, 2 Kochl. Mehlschwitze, 3 Eidotter, ⅛ Liter Schlagrahm.

Bohnensuppe für 6 Personen. 250 Gr. weiße Bohnen werden gewaschen und mit 3 Ltr. kaltem Wasser am Tage vorher eingeweicht. Man setzt die Bohnen mit dem Wasser und Knochenresten von Schinken, Hammel oder Kasselerrippespeer an und kocht die Suppe zugedeckt 2 Stunden. Die geschälten Kartoffeln und 1 Stange Porree läßt man mit der Suppe 1 Stunde kochen. Man streicht

Zutaten: 250 Gr. weiße Bohnen, 2 Ltr. kaltes Wasser, ½ Kochlöffel Mehlschwitze, 1 Eßl. feingehackte Petersilie, 100 Gr. geschälte Kartoffeln.

alles durch ein Sieb. ½ Kochl. Mehlschwitze rührt man mit der Brühe aus, kocht die Suppe einmal auf und nimmt 1 Eßl. feingehackte Petersilie, 3 Eßl. von den weichgekochten Bohnen als Einlage dazu. Mit der Petersilie darf die Suppe nicht mehr kochen.

Billige Grünkohlsuppe. Zutaten: Strunkreste und Blattrippen von 2 Kilo Grünkohl, 1½ Ltr. kochend. Wasser, 30 Gr. Gersten- oder Haferflocken oder Hafergrütze, 1 Teel. Salz, 1 gerieb. Zwiebel, 2 rohgeriebene Kartoffeln.

Strunkreste von 2 Kilo Grünkohl und auch die Blattrippen vom Grünkohl werden dünn geschält, gewaschen und dann durch die Fleischmaschine gedreht. Danach mit 1½ Ltr. kochendem Wasser, 30 Gr. Gerstenflocken oder Hafergrütze oder Haferflocken angesetzt und 1½ Stunden langsam gekocht. Nach dieser Zeit wird 1 Teel. Salz dazugegeben und 1 abgezogene geriebene Zwiebel. Man läßt die Suppe mit diesen Zutaten 5 Minuten kochen. Hat man nicht soviel Haferflocken, so kann man 2 roh geriebene Kartoffeln an die kochende Masse geben. Hat man Knochen- oder Schwartenreste, so können diese mit der Suppe gekocht werden. Auch kann man die Suppe vor dem Anrichten scharf durch ein Sieb streichen.

Linsensuppe für 6 Personen. Zutaten: 250 Gr. Linsen, 2 Ltr. kalt. Wasser, 1 Eßl. Salz, Suppenkraut, ½ Kilo durchwachsener magerer Speck, ½ Kochl. Mehlschwitze.

250 Gr. Linsen werden gewaschen, mit 2½ Ltr. kaltem Wasser angesetzt, Knochenreste, von jedem Wildgeflügel, dann 1 Eßl. Salz und etwas Suppenkraut dazugegeben. Hat man keine Knochenreste, nimmt man ½ Kilo durchwachsenen mageren Speck oder Reste von Schinkenknochen. Zugedeckt kocht man die Suppe 2 Stunden. 3 Eßl. von den weichgekochten Linsen verwendet man später als Einlage. Man nimmt die Knochen aus der Suppe und streicht dieselbe mit den übrigen Linsen durch ein Sieb und läßt sie einmal aufkochen. Man kann in Würfel geschnittene und in Butter geröstete Zwiebeln oder geröstete Brotstücke außerdem als Einlage dazugeben.

Einfache Kartoffelsuppe anderer Art für 8 Personen. Zutaten: 1 Kilo alte, geschälte Kartoffeln, ½ Kochlöffel Mehlschwitze, 2 Ltr. koch. Wasser, 1 Eßl. feingehackte Petersilie, 1 Teel. Salz, ½ Teel. Pfeffer.

1 Kilo alte, geschälte Kartoffeln werden gewaschen, mit Wasser bedeckt angesetzt, im geschlossenen Topf in 30 Minuten weichgekocht; sodann wird das Wasser abgegossen, die Kartoffeln werden trocken gedämpft und rasch durch ein Sieb gestrichen. Hierauf schlägt man die Kartoffelmasse in der Schüssel mit dem Löffel fest zusammen. Sind die Kartoffeln kalt geworden, so lassen sie sich schlecht durch das Sieb streichen, auch schmeckt die Suppe nicht so gut. ½ Kochl. Mehlschwitze rührt man mit ¼ Ltr. kochendem Wasser glatt, tut die Kartoffelmasse dazu, rührt alles gut durch und gibt nach und nach 1½ Ltr. kaltes Wasser daran und läßt die Suppe einmal aufkochen. Mit 1 Eßl. feingehackter Petersilie, 1 Teel. Salz und ½ Teel. Pfeffer wird sie abgeschmeckt. Statt der Petersilie kann 1 Eßl. feingehackter Kerbel dazugegeben werden.

Sauerampfersuppe für 6 Personen. ½ Kilo Sauerampfer, 65 Gr. Kerbel wird 3—4mal in reichlichem Wasser gewaschen, dann im Tuche ausgedrückt und feingehackt. 2 alte, geschälte Rundstücke, die vorher im Ofen etwas geröstet werden, setzt man mit 1½ Ltr. heißer Brühe an. Diese von Knochenresten bereitete Brühe läßt man mit dem Sauerampfer, dem Kerbel und dem Brot 10 Minuten kochen, schmeckt die Suppe mit 1 Teel. Salz ab und quirlt sie beim Anrichten mit 3 Eidottern ab. Hiernach wird die Suppe durch ein Sieb gestrichen. Als Einlage dienen verlorene Eier, Reis oder Eierstich. Für Kranke geeignet.

Zutaten. ½ Kilo Sauerampfer, 65 Gr. Kerbel, 2 alte geschälte Rundstücke, 1½ Ltr. Knochenbrühe, 1 Teel. Salz, 3 Eidotter.

Spargelsuppe für 6 Personen. Knochenreste von jedem Braten werden mit 2 Ltr. kaltem Wasser angesetzt, etwas Suppenkraut und 1 Teel. Salz hinzugetan und 2 Stunden im geschlossenen Topf gekocht. ½ Kilo frischen Spargel schält man, schneidet ihn in kleinere Stücke und setzt die gewaschenen Spargelstücke mit ½ Ltr. kochendem Wasser an, läßt den Spargel im geschlossenen Topf 20—30 Minuten kochen. Salz gibt man kurz vor dem Weichwerden an den Spargel, da er durch zu langes Kochen mit Salz gelb wird und den guten Geschmack verliert. Die Schale vom Spargel muß mit der Knochenbrühe kochen. 2 Kochl. Mehlschwitze werden mit der durch ein Sieb gegossenen Brühe glatt gerührt und das Wasser vom Spargel dazugetan; beim Anrichten quirlt man die Suppe mit 2—3 Eidottern ab, gießt sie alsdann durch ein Sieb und gibt die Spargelstücke als Einlage in die Suppe. Will man die Suppe noch besser machen, kann man den festen Schnee von ⅛ Ltr. Schlagrahm beim Anrichten dazugeben. Hat man keine Knochenreste, so bereitet man die Suppe vom Wasser des ausgekochten Spargels.

Zutaten: Knochenreste von jed. Braten, 2 Ltr. kaltes Wasser, etwas Suppenkraut, 1 Teel. Salz, ½ Kilo frisch. Spargel, ½ Ltr. koch. Wasser, 2 Kochl. Mehlschwitze, 2-3 Eidotter, ⅛ Ltr. Schlagrahm.

Artischockensuppe für 6 Personen. Hierzu verwendet man Knochenreste von Kalbs- oder Schweinebraten oder 1 Suppenhuhn, setzt letzteres oder die Knochen mit 3 Ltr. kaltem Wasser und 1 Eßl. Salz an, gibt etwas Suppenkraut dazu und läßt die Brühe im geschlossenen Topf 2 Stunden kochen. 3 kleine Artischocken setzt man mit kochendem Wasser bedeckt an und kocht sie im geschlossenen Topf 40 Minuten, trennt dann die Blätter von den Böden. 2 Böden schneidet man in Streifen und verwendet sie als Einlage in der Suppe. Das Weiche der Blätter muß mit einem silbernen Löffel herausgeschabt und dieses mit dem einen Artischockenboden durch das Sieb gestrichen werden; ein Drahtsieb ist unzulässig, weil die Blätter hiervon schwarz werden. 125 Gr. Spinat wird gewaschen und mit 1 Messerspitze Natron angesetzt, im geschlossenen Topf 10 Minuten gekocht, dann auf ein Sieb zum Abtropfen gegossen und hiernach durchgestrichen. 2 Kochl.

Zutaten: Knochenreste von Kalbs- oder Schweinebraten oder 1 Suppenhuhn, 3 Ltr. kaltes Wasser, 1 Eßl. Salz, etwas Suppenkraut, 3 kleine Artischocken, 125 Gr. Spinat, 1 Messerspitze Natron, 2 Kochl. Mehlschwitze, 2 Eidotter, 2 Eßl. Schlagrahm.

Mehlschwitze rührt man mit der Brühe aus und gibt das Artischockenpüree mit dem Spinat dazu, läßt die Suppe einmal aufkochen und quirlt sie mit 2 Eidottern ab. Die Eidotter werden vorher in einer Schüssel 10 Minuten gerührt. Vom tüchtigen Rühren der Eidotter hängt der gute Geschmack der Brühe ab. Beim Anrichten gibt man die Suppe nochmals durch ein grobes Sieb und füllt den Schnee von 2 Eßl. Schlagrahm dazu. Die Suppe ist für Kranke geeignet; in diesem Falle ist dann der Schlagrahm auszuschalten.

Zutaten: 100 Gr. feinst. Graupen, 3 Ltr. kaltes Wasser, ¼ St. Sellerie, 1 Stange Porree, 1 Kilo Ochsenfleisch oder Knochenreste, 3 Eidotter, 1 Eßl. frische Butter.

Graupensuppe für 6 Personen. 65 Gr. Graupen setzt man mit 3 Ltr. kaltem Wasser, ¼ Stück Sellerie, 1 Stange Porree, 1 Kilo Ochsenfleisch oder Knochenresten an. Auch kann Hammelbein hierzu verwendet werden. Man kocht die Suppe recht langsam 3 Stunden, nimmt das Fleisch oder die Knochen aus der Brühe, quirlt die Suppe mit 3 Eidottern ab, gießt sie durch ein Sieb und gibt beim Anrichten 1 Eßl. frischer Butter dazu. Als Einlage dient Krebspain.

Zutaten: ½ Kilo Ochsenfleisch, 4 Pfefferkörner, 1 Teel. Salz, 1 Ltr. kaltes Wasser.

Tassenfleischbrühe für 4 Personen. ½ Kilo Ochsenfleisch wird gewaschen, in Würfel geschnitten, mit 4 Pfefferkörnern, 1 Teel. Salz im geschlossenen Topf im eigenen Safte in etwa 30 Minuten gebräunt. Ist das Fleisch in dieser Zeit nicht braun genug, so legt man den Deckel beiseite und läßt den Saft vollständig einschmoren. Dann gießt man 1 Ltr. kaltes Wasser darauf, gibt etwas Suppenkraut dazu und läßt die Suppe im fest geschlossenen Topf langsam 2 Stunden kochen. Durch starkes Kochen verliert die Brühe ihren Geschmack. Nach der Kochzeit gießt man sie durch ein Sieb, läßt sie 20 Minuten in der Schüssel stehen, entfettet sie, gießt sie zurück in den Topf, indem man den Satz in der Schüssel zurückläßt, bringt sie ins Kochen und füllt beim ersten Aufwallen den Schaum ab.

Zutaten: 1 Ochsenschwanz, ½ Kilo Ochsenfleisch, 20 Pfefferkörner, 2½ Ltr. kaltes Wasser, etw. Wurzelwerk u. Suppenkraut, 2 gehäufte Eßl. Tapioka, ⅛ Ltr. Madeira, 1 Eßl. Salz.

Ochsenschwanzsuppe für 6 Personen. Das gewaschene Fleisch wird in Stücke geschnitten, ebenso der Schwanz, dann im trockenen Topf mit 20 Pfefferkörnern und etwas Salz angesetzt, im geschlossenen Topf 30 Minuten bei nicht zu starker Hitze gebräunt. Ist das Fleisch nicht braun genug in dieser Zeit, dann legt man den Deckel beiseite und läßt das Fleisch noch schnell bei rascher Hitze bräunen. Danach gibt man gibt man 2½ Ltr. kaltes Wasser auf das Fleisch, und etwas Suppenkraut, läßt die Brühe im fest geschlossenen Topf 3 Stunden langsam kochen; hiernach gießt man die Brühe durch ein Sieb, entfettet sie, bringt die Suppe nochmals ins Kochen, füllt beim ersten Aufkochen Schaum und Fett ab; dann streut man 2 gehäufte Eßl. Tapioka in die Suppe, läßt sie hiermit noch 10 Minuten kochen und fügt ⅛ Ltr. Madeira hinzu. Beim Anrichten gießt man die Suppe durch ein Sieb; sie muß pikant und kräftig schmecken und braun aussehen. Liebt man sie gebundener, dann macht man 2 Kochl.

Mehlschwitze und rührt diese mit der klaren Brühe aus. Als Einlage gibt man das abgetrennte Fleisch von dem Schwanz, Schwemmklöße oder Eierstich oder Schildkröteneierklöße.

Einfache Suppe mit Reis für 6 Personen. Das gewaschene Fleisch wird mit 2½ Ltr. kaltem Wasser, etwas Salz und Suppenkraut angesetzt und dann langsam im fest geschlossenen Topf 2½ Stunden gekocht. Durch rasches Kochen wird das Fleisch hart. Zu dieser entfetteten Brühe wird entweder Reis oder Schwemmklöße oder Eierstich gegeben.

Zutaten: 1 Kilo Suppenfleisch, 2½ Ltr. kaltes Wasser, 5 Gr. Salz u. Suppenkraut, Reis, Schwemmklöße oder Eierstich.

Suppe von frischen, grünen Erbsen für 6 Personen. Man setzt die Knochen oder das Fleisch mit 2½ Ltr. Wasser, 1 Teel. Salz, Suppenkraut an, läßt die Brühe im geschlossenen Topf 2 Stunden recht langsam kochen. 2 Ltr. dicke, frische Erbsen werden gepalt; die Hälfte der Schalen kocht man mit der Brühe. Die Erbsen setzt man mit einer Messerspitze Natron, ½ Löffel Butter und ¼ Ltr. kochendem Wasser an, 30—40 Minuten werden sie gekocht. Die Hälfte hiervon streicht man durch ein Sieb; die übrigen Erbsen verwendet man später als Einlage für die Suppe. Die Brühe gießt man ebenfalls durch ein Sieb. 1 Kochl. Mehlschwitze rührt man mit der Brühe und dem Püree glatt, läßt die Suppe einmal aufkochen. Beim Anrichten quirlt man die Suppe mit 2 Eidottern ab, gibt 1 Eßl. recht grün gekochten und gesiebten Spinat dazu; dann gießt man sie nochmals durch ein Sieb, und nun gibt man den festen Schnee von 2 Eßl. Schlagrahm daran. Die Suppe eignet sich auch für Kranke.

Zutaten: Knochenreste von Kalbs- oder Schweinebraten oder 1 Kilo Kalbsbein, 2½ Ltr. Wasser, 1 Teel. Salz u. Suppenkraut, 2 Ltr. dicke, frische Erbsen, 1 Messersp. Natron, ½ Löff. Butter, ¼ Ltr. koch. Wasser, 1 Kchl. Mehlschwitze, 2 Eidotter, 1 Eßl. gekochter Spinat, 2 Eßl. Schlagrahm.

Hühnersuppe mit Schlagrahm für 6 Personen. Das gewaschene Huhn wird mit dem Magen, 1 Eßl. Salz und Suppenkraut, 2½ Ltr. kaltem Wasser angesetzt, dann im geschlossenen Topf 2 Stunden recht langsam gekocht. Hiernach gießt man die Brühe durch ein Sieb. 2 Kochl. Mehlschwitze rührt man mit der Brühe aus, quirlt die Suppe, nachdem sie einmal aufgekocht, mit 2 Eidottern ab; diese müssen in der Schüssel vorher 10 Minuten gerührt werden. Das in Streifen geschnittene Brustfleisch gibt man als Einlage in die Suppe.

Zutaten: 1 groß. Suppenhuhn im Gewicht von 1 Kilo, 1 Eßl. Salz, Suppenkraut, 2½ Ltr. kaltes Wasser, 2 Kochl. Mehlschwitze, 2 Eidotter.

Weiße Selleriesuppe mit Schlagrahm für 6 Personen. 3 Knollen Sellerie werden geschält, gewaschen, mit 2 Ltr. kochendem Wasser angesetzt; man kann auch Knochenreste vom Kalbsbraten oder Schweinebraten nehmen. Den geschälten Sellerie kocht man in dieser Brühe vollständig weich in 40—50 Minuten; dann streicht man ihn durch ein Sieb. 1 Kochl. Mehlschwitze rührt man mit

Zutaten: 3 kl. Knollen Sellerie, 2 Ltr. koch. Wasser, 1 Kochl. Mehlschwitze, 1-2 Eidotter, 2 Eßl. Schlagrahm, 1 Teel. Salz.

1 Löffel Brühe aus; dann gibt man das Selleriemus dazu und nach und nach die Knochenbrühe oder das Selleriewasser. Beim Anrichten kann man die Suppe mit 1—2 Eidottern abrühren und gibt den festen Schnee von 2 Eßl. Schlagrahm dazu. Diese Suppe ist ohne Schlagrahm auch geeignet für Kranke.

Zutaten: Knochenreste vom Hasen oder Reh, 2½ Ltr. Wasser, Salz, 20 Pfefferkörner, Suppenkraut, 2 Kochlöffel Mehlschwitze, ⅛ Ltr. Madeira.

Wildsuppe für 6 Personen. Hierzu verwendet man Knochenreste vom Hasen oder Reh, setzt die Knochen mit 2½ Ltr. Wasser an, gibt 1 Eßl. Salz, 20 Pfefferkörner und Suppenkraut dazu. Man läßt die Brühe 2 Stunden langsam kochen; dann gießt man sie durch ein Sieb. 2 Kochl. Mehlschwitze rührt man nun mit dieser Brühe aus, gibt ⅛ Ltr. Madeira dazu. Als Einlage Schwemmklöße oder Eierstich. Die Suppe wird mit einem Löffel dunkelbraun gebrannten Zuckers gefärbt.

Zutaten: Knochenreste von jed. Braten, auch v. gekocht. Schinken, 250 Gr. grüne getrocknete Erbsen, 2 Ltr. Wasser, Salz und Suppenkraut, ½ Kochlöffel Mehlschwitze.

Erbsensuppe für 6 Personen. Hierzu nimmt man Knochenreste von jedem Braten, auch von gekochtem Schinken. Die Erbsen werden gewaschen, am Tage vorher mit 2 Ltr. Wasser eingeweicht; dann setzt man sie mit dem Quellwasser und den Knochen an, gibt ¼ Eßl. Salz und Suppenkraut dazu, kocht sie im geschlossenen Topf 2 Stunden. Hiernach streicht man sie durch ein Sieb. ½ Kochl. Mehlschwitze rührt man mit dieser Suppe aus.

Zutaten: 1 Ochsenniere, 250 Gr. Ochsenfleisch, 20 Pfefferkörner, 1 Zwiebel, 1 Teel. Salz, 2 Ltr. Wasser, 2 Kochl. Mehlschwitze, ⅛ Ltr. Madeira, 1 Eßl. Tapioka oder Sago.

Abgerührte braune Nierensuppe für 6 Personen. Eine Ochsenniere, 250 Gr. Ochsenfleisch werden gewaschen und in Würfel geschnitten, dann mit 20 Pfefferkörnern, 1 Zwiebel und 1 Teel. Salz im geschlossenen Topf in 30 Minuten gebräunt. Hiernach gibt man 2 Ltr. Wasser dazu und etwas Suppenkraut, läßt die Suppe im geschlossenen Topf 2 Stunden recht langsam kochen. Dann gießt man sie durch ein Sieb. 2 Kochl. Mehlschwitze rührt man mit dieser Brühe aus. Nach Geschmack gibt man ⅛ Ltr. Madeira dazu. Die Suppe muß dunkel aussehen, pikant und kräftig schmecken. Will man diese Suppe klar machen, dann kocht man mit der gesiebten Brühe 1 Eßl. Tapioka oder Sago 15 Minuten.

Zutaten: 1 Huhn, 250 Gr. roher Schinken, etwas Suppenkraut u. ½ Eßl. Salz, 2 Eßl. Tapioka, 1 Teel. Currypuder.

Klare Hühnersuppe für 6 Personen. Das Huhn wird zerhackt mit den Knochen; 250 Gr. Schinken schneidet man in Würfel. Das Fleisch wird im geschlossenen Topf unter häufigem Umrühren ohne Butter gebräunt. Nun gibt man das Wasser dazu, etwas Suppenkraut und ½ Eßl. Salz, dann läßt man die Suppe im fest geschlossenen Topf 3 Stunden recht langsam kochen. Hiernach gießt man sie durch ein Sieb und entfettet sie; dann gießt man die Suppe in einen sauberen Topf und läßt den Satz zurück. Beim ersten Aufkochen füllt man Schaum und Fett nochmals ab. Dann gibt man 2 Eßl. Tapioka daran und 1 Teel. Currypuder, läßt die Suppe langsam 10 Minuten kochen und gibt sie beim Anrichten durch ein Sieb. Einlage: kleine Eierklöße.

Kerbelsuppe für 6 Personen. Man setzt die Knochen mit 2½ Liter kaltem Wasser an, Salz und Suppenkraut gibt man dazu, läßt sie 2 Stunden im geschlossenen Topf kochen, gießt sie durch ein Sieb und entfettet sie. 2 Kochl. Mehlschwitze rührt man mit der Hälfte der Suppe aus, dann gibt man 65 Gr feingehackten Kerbel, den man vorher in reichlichem kalten Wasser gewaschen, dazu. Nun läßt man die Suppe mit dem Kerbel einmal aufkochen; dann fügt man die übrige Brühe hinzu. Läßt man den Kerbel zu lange in der Suppe kochen, so verliert die Suppe den guten Geschmack und das grüne Aussehen. Als Einlage gibt man verlorene Eier oder Reis oder Eierstich oder Grießklöße.

Zutaten: Knochenreste vom Kalbs- oder Schweinebraten, 2½ Ltr kaltes Wasser, 2 Teel. Salz u. Suppenkraut, 2 Kochl. Mehlschwitze, 65 Gr. feingehackter Kerbel.

Tomatensuppe für 6 Personen. Die Knochen werden mit 2 Ltr. kaltem Wasser, 1 Eßl. Salz, 10 Pfefferkörnern, etwas Suppenkraut angesetzt und die Brühe im fest geschlossenen Topf 2 Stunden langsam gekocht. ½ Kilo weiche oder beschädigte Tomaten (diese sind im Einkauf billiger) schneidet man in Stücke und dämpft sie im geschlossenen Topf in 10 Minuten weich. Hiernach streicht man sie durch ein Sieb, rührt 2 Kochl. Mehlschwitze mit dem Tomatenpüree aus und gießt die Brühe nach und nach dazu. Wenn die Suppe einmal aufkocht, gibt man den festen Schnee von ⅛ Ltr. Schlagrahm dazu. Als Einlage ist Reis oder Eierstich geeignet. Die Suppe kann man für Kranke verwenden.

Zutaten: Knochenreste, 2 Ltr. kaltes Wasser, 1 Eßl. Salz, 10 Pfefferkörner, etw. Suppenkraut, ½ Kilo weiche oder beschädigte Tomaten, 2 Kochlöffel Mehlschwitze, ⅛ Ltr. Schlagrahm.

Krebssuppe für 12 Personen. Das Fleisch und die Niere werden gewaschen und mit 4 Ltr. kaltem Wasser, 1 Eßl. Salz, ½ Teel. Pfeffer, Suppenkraut angesetzt, im fest geschlossenen Topf 3 Stunden langsam gekocht. Die Krebse werden reichlich mit Wasser bedeckt, einmal aufgekocht. In diesem Wasser (etwas Salz kann man daran tun) läßt man die Krebse erkalten. Nun bricht man das Fleisch aus den Schalen, entfernt den Darm aus dem Schwanz. Die Schwänze und Scheren tut man später als Einlage in die Suppe.

Zutaten: 30 Krebse, 1 Kalbsniere, 1 Kilo Ochsenfleisch, 5 Ltr. junge Erbsen, 1 klein. Blumenkohl, 4 Ltr. Wasser, 1 Eßl. Salz, ½ Teel. Pfeffer, Suppenkraut, 250 Gramm Butter, 3 Kochl. Mehl, Erbsen, 1 Messersp. Natron, 1 Kilo Spargel, Fleischklöße.

Das Innere des Kopfes kocht man mit der Brühe. Die Krebsschale wird gehackt, dann mit 250 Gr. Butter zu roter Farbe geschmort, dann gießt man reichlich kochendes Wasser auf die Schalen, läßt es einmal aufkochen und gießt es durch ein Sieb in eine Schüssel. Die rote Butter füllt man ab und schwitzt sie in einem Topf mit 3 Kochl. Mehl unter Rühren 2 Minuten, gießt die Brühe nach und nach unter Rühren durch ein Sieb dazu. Nun läßt man die Suppe noch einmal aufkochen. Sollte sich die rote Butter teilen, so quirlt man die Suppe vor dem Anrichten mit 1 Eidotter ab. Die ausgepalten Erbsen werden mit ¼ Ltr. kochendem Wasser, 1 Messerspitze Natron angesetzt und im geschlossenen Topfe langsam 30 Minuten gekocht. Die Erbsen gibt man mit ihrem Safte in die fertige Suppe. Außerdem verwendet man 1 Kilo vorher abgekochte Spargel, in Würfel geschnitten, als Einlage. Einen kleinen Blumenkohl kocht man vorher in etwa 30 Minuten weich, gibt ihn, in kleine Stücke geschnitten, als Einlage, außerdem noch kleine Fleischklöße, ebenso die Schwänze und die Scheren der Krebse.

Zutaten: Knochenreste von Hammelbraten od. Roastbeef, 2 Ltr. kaltes Wasser, 1 Teel. Salz u. Suppenkraut, 65 Gr. feine Suppengraupen, ½ Ltr. kaltes Wasser, 1—2 Eidotter.

Einfache Graupensuppe für 6 Personen. Hierzu verwendet man am besten Knochenreste von Hammelbraten oder Roastbeef. Die Knochen setzt man mit 2 Ltr. kaltem Wasser, 1 Teel. Salz und Suppenkraut an; dann kocht man die Brühe im geschlossenen Topf 2 Stunden recht langsam. 65 Gr. feine Suppengraupen weicht man am Tage vor dem Gebrauch mit ½ Ltr. kaltem Wasser ein. Diese Graupen setzt man mit ihrem Quellwasser zu gleicher Zeit mit den Knochen an, dann gießt man nach und nach von der Brühe durch ein Sieb an die Graupen und läßt sie mit der Brühe noch 1 Stunde kochen. Die Suppe wird, für Kranke geeignet, beim Anrichten mit 1—2 Eidottern abgerührt.

Zutaten: 1 Ltr. geschälte Kartoffeln, ½ Kochl. Mehlschwitze, ¼ Ltr. Wasser oder Knochenbrühe. 1½ Ltr. desgl., 2 Eidotter, 1/16 Ltr. Schlagrahm, 2 Eßl feingehackter Kerbel, 1 Teel. Salz.

Feinere Kartoffelsuppe für 6 Personen. 1 Ltr. geschälte Kartoffeln kocht man weich, gießt sie ab und dämpft sie trocken; dann streicht man sie rasch durch ein Sieb. Die Kartoffelmasse schlägt man fest zusammen. ½ Kochl. Mehlschwitze rührt man mit ¼ Ltr. Wasser oder Knochenbrühe aus; dann gibt man die Kartoffeln dazu und nach und nach noch 1½ Ltr. Brühe. 2 Eidotter schlägt man mit 1/16 Ltr. Schlagrahm 5 Minuten. 2 Eßl. feingehackten Kerbel läßt man in der Suppe einmal aufkochen; dann gibt man unter Rühren die kochende Suppe an den Schlagrahm. Die Suppe muß sogleich serviert werden. Statt Kerbel kann man auch Petersilie nehmen. Besser wird die Suppe, wenn man Huhnbrühe verwendet.

Zutaten: ½ Kilo Rindfleisch, 2 Ltr. Wasser, 1 Teel. Salz, 200 Gr. Kartoffeln, 150 Gr. Mehl.

Fleischsuppe mit billigen Klößen zum Sattessen für 4—6 Personen. 1 Kilo Kluftschale vom Rind wird mit 2 Ltr. kaltem Wasser, 1 gehäuftem Teel. Salz, etwas getrockneter Spargelschale, Erbschale und Selleriekraut angesetzt. Besser noch schmeckt 1 Stück frischer Sellerie, 1 Stange Porree, 1—2 rote Möhren oder Wurzeln. Mit diesen Zutaten läßt man die Brühe recht langsam 2 Stunden kochen. Es empfiehlt sich, wenn man die Suppe 40 Minuten ankocht und im Ökonom oder in der Kochkiste weiterkochen läßt. Durch starkes Kochen wird das Fleisch hart. Nach dieser Kochzeit setzt man folgende Klöße in die Brühe und kocht die Suppe zusammen mit den Klößen 15 Minuten. 200 Gr. Kartoffeln werden am Tage vor dem Gebrauch mit der Schale gekocht, dann wird die Haut abgezogen. Am nächsten Tage werden die Kartoffeln gerieben. 150 Gr. Mehl und ein ganzes Ei wird dazugegeben. Von dieser Masse formt man Klöße.

Bohnensuppe mit Speck oder frischem Schweinefleisch oder auch nur mit Knochen für 6 Personen. Zutaten: 250 Gr. weiße Bohnen, 250 Gr. Kartoffeln, 250 Gr. geräucherter Speck oder frisches Schweinefleisch vom Bauch. Die Bohnen werden am Abend vor dem Gebrauch gewaschen und eingeweicht mit 1 Ltr. kaltem Wasser. Am nächsten Tage mit diesem Wasser angesetzt; das Fleisch oder die Knochen, 1 Wurzel, 1 Stück Sellerie und 1 Zwiebel werden dazugegeben. Mit diesen Zutaten kocht man die Suppe 1 Stunde, nach dieser Zeit gießt man noch 1 Ltr. kochendes Wasser, die geschälten Kartoffeln, 10 Gr. Hafergrütze dazu, und nun läßt man die Suppe noch 1 Stunde langsam kochen. Diese Suppe kann 45 Minuten angekocht und dann in die vorher gewärmte Kochkiste gestellt werden.

Feinere Blumenkohlsuppe für 6 Personen. Zutaten: Knochen von jed. weißen Geflügel, Kalbs- od. Schweinebraten oder auch ein Suppenhuhn, 2½ Ltr. Wasser, 1 Blumenkohl, 1 gehäufter Teelöffel Salz, 2 Eidotter, ⅛ Ltr. Schlagrahm. Hierzu verwendet man Knochen von jedem weißen Geflügel oder Kalb- oder Schweinebraten. Soll die Suppe besser schmecken, so kann noch 1 Suppenhuhn verwendet werden. Die Knochen oder das Huhn setzt man mit 2½ Ltr. Wasser an, kocht die Brühe fest zugedeckt 2 Stunden, legt den geschälten Strunk und den Blumenkohl dazu und kocht die Brühe hiermit langsam 30—40 Minuten. Alsdann wird der Strunk und die Hälfte des Blumenkohls durch ein Sieb gestrichen. 1 gehäufter Kochl. Mehlschwitze wird mit der Brühe ausgerührt. Dann gibt man das Blumenkohlpüree dazu, quirlt die Suppe mit 2 Eidottern ab, die vorher in einer Schüssel 5 Minuten tüchtig gerührt wurden. Beim Anrichten wird die Suppe nochmals durch ein grobes Sieb gegossen. Als Einlage nimmt man die zweite Hälfte des Blumenkohls und den Schnee von ⅛ Ltr. Schlagrahm. Die Suppe ist für Kranke geeignet.

Okrasuppe für 18 Personen. Zutaten: 2 Ko. Ochsenfleisch, 1 Eßl. Salz, 20 Pfefferkörner, 250 Gr. Tomaten, etw. Suppenkraut, 2 Eßl. Tapioka, eine 2-Pfund-Dose Okra, ⅛ Ltr. Madeira. 2 Kilo Ochsenfleisch schneidet man in Würfel, bräunt es im geschlossenen Topf etwa 30 Minuten, gibt 1 Eßl. Salz, 20 Pfefferkörner, 250 Gr. Tomaten und etwas Suppenkraut dazu, hiernach 4 Ltr. lauwarmes Wasser. Nun läßt man die Brühe im fest geschlossenen Topf 3 Stunden langsam kochen. Durch starkes Kochen verliert die Suppe ihren guten Geschmack. Nach dieser Zeit gießt man die Brühe durch ein Sieb, entfettet sie, bringt sie nochmals ins Kochen, füllt beim ersten Aufwallen Schaum und Fett ab, gibt 2 Eßl Tapioka dazu und den Inhalt einer 2-Pfund-Dose Okra. Von letzteren zerschneidet man 8 Schoten in kleine Stücke und verwendet diese als Einlage der Suppe. Die Suppe muß mit dem Okra und Tapioka langsam 30 Minuten kochen; man streicht sie beim Anrichten durch ein grobes Sieb und gibt nach Geschmack 1/8 Ltr. Madeira dazu.

Feinere Kerbelsuppe für 6 Personen. Zutaten: 1 Ochsenniere, 2 Ltr. kaltes Wasser, etw. Suppenkraut, 65 Gr. Kerbel, 2 Kchl. Mehlschwitze, 2 Teel. Salz. Man nimmt hierzu 1 Ochsenniere und setzt sie mit 2 Ltr. kaltem Wasser und etwas Suppenkraut im fest geschlossenen Topf an und läßt die Brühe 2 Stunden kochen. 65 Gr. Kerbel, gewaschen, abgetrocknet, feingehackt, 2 Kochl. Mehlschwitze rührt man mit der Hälfte der Brühe aus, gibt nun den Kerbel in die Suppe, läßt sie einmal aufkochen, gießt dann den Rest der Brühe dazu und richtet die Suppe sogleich an. Vom langen Stehen gehen der Geschmack und die grüne Farbe verloren. Als Einlage nimmt man verlorene Eier, Reis oder Eierstich.

Sturensuppe für 3 Personen. Zutaten: 12 Sturen, 1 1/2 Ltr. kaltes Wasser od. Kalbfleischbrühe, 1 1/2 Teel. Salz, 1 Zwiebel, 10 Pfefferkörner, 4 Eidotter, 1 Teel. feingehackte Petersilie, 1 altes Rundstück, 1/2 Kochl. Butter, 1 Kochl. Mehlschwitze. 12 Sturen werden ausgenommen, gewaschen, dann mit 1 1/2 Ltr. kaltem Wasser, 1 Teel. Salz, 1 Zwiebel und 10 Pfefferkörnern angesetzt und im geschlossenen Topf langsam 10 Minuten gekocht. Statt Wasser kann man auch Kalbfleischbrühe nehmen. Man trennt das Fleisch vorsichtig von den Gräten. Das Fleisch wird durch ein Sieb gestrichen. Die Hälfte dieser Fischmasse wird mit 2 Eidottern, 1/2 Teel. Salz und 1 Teel. feingehackter Petersilie verrührt. 1 altes Rundstück wird geschält, in etwas lauwarmem Wasser 1 Minute eingeweicht. 1/2 Kochl. Butter läßt man in der Pfanne dünn werden, legt das ausgedrückte Brot dazu und bäckt dieses unter Rühren auf mäßigem Feuer in 3—4 Minuten ab. Nachdem die Brotmasse ausgekühlt, wird sie mit der Fischmasse verrührt, formt daraus kleine Klöße. Die Brühe, worin man die Fischmasse gekocht, wird durch ein Sieb gegossen. Die Hälfte davon gießt man auf die Klöße, kocht diese dann langsam unter häufigem Schütteln 5 Minuten. 1 Kochl. Mehlschwitze rührt man mit der übrigen Fischbrühe und der Brühe, worin man die Klöße gekocht, aus. Das gesiebte Fischfleisch gibt man dazu. Unter Rühren kocht man die Suppe einmal auf und quirlt sie dann mit 2 Eidottern ab. Die Eidotter müssen vorher 10 Minuten gerührt werden. Als Einlage nimmt man die bereiteten Klöße. Die Suppe ist für Kranke geeignet.

Kartoffelsuppe mit geröstetem Speck und Zwiebeln für 4 Personen. Als Einlage gibt man in die fertige Suppe Schinkenklöße oder kleine Klöße, hergestellt aus allen Fleischarten. 500 Gr. Kartoffeln werden geschält, gewaschen, mit 1 Ltr. kaltem Wasser angesetzt und zugedeckt 30 Minuten gekocht. Nach dieser Zeit gießt man das Wasser ab, dämpft die Kartoffeln trocken und streicht sie rasch durch ein Sieb. 30 Gr. geräucherter Speck wird in Würfel geschnitten und im Topfe gebraten, worin man die Kartoffeln gekocht. 1 Zwiebel wird abgezogen, feingehackt dazugegeben. Sobald Speck und Zwiebel hellbraun geröstet sind, gibt man 10 Gr. Weizenmehl dazu. Sobald dieses gut verrührt ist, die Kartoffelmasse und das Wasser, worin die Schinkenklöße gekocht wurden. Man läßt die Suppe langsam 5 Minuten kochen. Danach gibt man 1 Teel. Salz, 1 Eßl. feingehackte Petersilie oder Kerbel dazu.

Grießsuppe für 6 Personen. Hierzu verwendet man Knochenreste, setzt sie mit 2 Ltr. kochendem Wasser, Suppenkraut, etwas Salz an, kocht sie im fest geschlossenen Topfe 2 Stunden, gießt sie durch ein Sieb, entfettet sie, bringt sie wieder ins Kochen und gibt 65 Gr. Grieß, mit ¼ Ltr. kaltem Wasser ausgerührt, daran. Hiermit kocht man die Brühe langsam 15 Minuten, quirlt sie dann mit 2 Eidottern ab, die man vorher in einer Schüssel mit 1 Messerspitze Salz 5 Minuten gerührt hat. Als Einlage verwendet man die Wurzeln vom Suppenkraut, die man in Scheiben schneidet. Die Eier können fehlen.

Zutaten: Knochenreste, 2 Ltr. kochend. Wasser, Suppenkraut, 1 Teel. Salz, 65 Gr. Grieß, ¼ Ltr. kaltes Wasser, 2 Eidotter.

Zwiebelsuppe mit Käse für 6 Personen. Die abgezogenen Zwiebeln werden in recht dünne Scheiben geschnitten, mit ½ Ltr. von dem kochenden Wasser angesetzt und zugedeckt langsam 30 Minuten gekocht. Nach dieser Zeit werden Mehl und Butter unter Rühren langsam 2 Minuten geschwitzt, die Zwiebeln und das übrige Wasser gießt man nach und nach dazu. Man läßt die Suppe noch langsam 5 Minuten kochen, nicht länger. Durch zu langes Kochen bindet das Mehl nicht mehr, die Suppe wird zu dünn. In die kochende Suppe streut man schnell den geriebenen Käse, deckt sie zu; kochen darf die Suppe mit dem Käse nicht, sie muß zugedeckt schnell aufgetragen werden. Man kann den Käse auch in recht feine Streifen, wie Nudeln, schneiden. In diesem Falle läßt man die Suppe mit den Käsestreifen noch zugedeckt 10 Minuten stehen. Sie darf aber nicht kochen.

Zutaten: 100 Gr. Zwiebel, 30 Gr. Weizenmehl, 20 Gr. Butter od. anderes Fett, 2 Ltr. Wasser od. Knochenbrühe, 1 gehäuft. Teelöffel Salz, 1 Messerspitze Pfeffer, 100 Gr. Schweizerkäse.

Fleischtee für Kranke für 1 Person. 200 Gr. schieres, frisches Kalb- oder Ochsenfleisch, oder 1 Taube, oder ½ Hühnchen. Das Fleisch wird in kleine Würfel geschnitten, dann in ein Weckglas gelegt und ohne Gummiring mit dem Deckel geschlossen, mit einer Feder wird das Glas überspannt, danach in einen Topf mit kaltem Wasser gesetzt, und zugedeckt wird das Glas 2 Stunden gekocht. 2 Eidotter rührt man in einer Schüssel mit einer Messerspitze Salz 10 Minuten. Die kochende Flüssigkeit aus dem Weckglas wird unter Rühren nach und nach dazugegossen. Außerdem kann man 1 Teel. Kognak oder Portwein hinzufügen. Das Geflügel wird mit den Knochen, vorher feingehackt, in das Weckglas gelegt.

Hummersuppe für 4 Personen. Man bereitet die Suppe von Hummerschalenresten. 65 Gr. Schale hackt und schmort man mit 65 Gr. Butter 10—15 Minuten, bis die Butter eine rote Farbe hat, dann gießt man reichlich kochendes Wasser auf die Schalen, läßt das Ganze einmal aufkochen

Zutaten: 65 Gr. Hummerschalen, 65 Gr. Butter, 2 Kochl. Mehl, 2 Ltr. Fleischbrühe.

und gießt hiernach alles durch ein Sieb. Die rote Butter füllt man in einen Topf, 2 Kochl. Mehl dazugebend, schwitzt beides unter Rühren 2—3 Minuten, dann gießt man nach und nach unter Rühren 2 Ltr. Fleischbrühe dazu. Die Brühe bereitet man aus Geflügelknochenresten, oder man nimmt 1 Kilo Kalbfleisch. Das Innere des Hummerkopfes läßt man 10 Minuten mit kochen. Als Einlage verwendet man Spargel und Erbsen. Will man noch Hummerfleischreste verwenden, kann man hiervon Klöße machen. Die Bereitung der Masse siehe unter Hummerkotelettes. Trennt sich die rote Butter von der Suppe, so ist die Suppe mit 1 Eidotter abzurühren.

Zutaten: ½ Kalbskopf, 3 Ltr. kaltes Wasser, Suppenkraut, 30 Pfefferkörner, 1 Zwiebel, 2 Eßl. Tapioka, ⅛ Ltr. Madeira, etwas Liebig, etwas Salz und Pfeffer, eine ½ - Kilo - Dose Schildkrötenfleisch.

Schildkrötensuppe für 12 Personen. Man kann hierzu die Brühe von ½ gebrannten Kalbskopf verwenden. Ansetzen mit 3 Ltr. kaltem Wasser, etwas Suppenkraut, 30 Pfefferkörnern und 1 Zwiebel. Fest zugedeckt, langsam 2 Stunden kochen. Nach dieser Zeit wird die Brühe durch ein Sieb gegossen. Nach 10 Minuten wird die Brühe entfettet, dann vorsichtig in einen Topf gegossen, den Satz zurücklassend. Diese Suppe läßt man nun mit 2 Eßl. Tapioka oder Sago noch langsam 10 Minuten kochen. Mit ⅛ Ltr. Madeira, etwas Liebig und, wenn nötig, noch etwas Salz und Pfeffer, wird die Suppe abgeschmeckt. Den Inhalt einer ½-Kilo-Dose Schildkrötenfleisch schneidet man in Würfel. Das helle weiße Fleisch verwendet man als Einlage. Das dunkle, unansehnliche Fleisch gibt man in die Suppe und läßt es mit der Suppe 10 Minuten kochen. Beim Anrichten wird die fertige Suppe durch ein Sieb gegossen. Außer dem hellen Schildkrötenfleisch gibt man Eierklöße in die Suppe (siehe unter Schildkröteneier).

Zutaten: 1½ Ltr. Buttermilch, ¼ Ltr. Wasser, 3 Eßl. Weizenmehl, Anis oder Kümmel.

Buttermilchsuppe anderer Art für 3 Personen. 1½ Ltr. Buttermilch bringt man unter Rühren ins Kochen. 3 Eßl. Weizenmehl verrührt man mit ¼ Ltr. kaltem Wasser, gießt dieses unter Rühren an die kochende Buttermilch und kocht die Suppe unter Rühren langsam 5 Minuten. 2 gehäufte Teel. Anis oder Kümmel läßt man mit der Suppe kochen. Zum Schluß Zucker nach Geschmack.

Zutaten: 10 Gr. Korinthen, 2 entkernte Zitronenscheiben, 50 Gr. Zucker, 50 Gr. Schwarzbrot od. Zwieback, etwas geriebene Zitronenschale, 1 Ltr. Bier.

Bierkaltschale für 4 Personen. Die Korinthen werden mit heißem Wasser 4- bis 6mal gewaschen, dann in eine Terrine gelegt; ¼ Ltr. kochendes Wasser gießt man auf die Korinthen und läßt sie nun zugedeckt mit den Zitronenscheiben 10 Minuten stehen. Nach dieser Zeit gibt man das geriebene Brot, den Zucker und das Bier dazu. Die Zitronenscheiben können fehlen.

Zutaten: 125 Gr. Schw.-brot od. Zwieback, 20 Gr. Zucker, etw. Zitr.-Schale, 1½ Ltr. recht frische Buttermilch.

Buttermilchkaltschale für 4 Personen. Das Brot wird gerieben, mit dem Zucker, der Zitronenschale gemischt. Die Buttermilch wird darübergegossen, und die kalte, sehr erfrischende Speise sogleich aufgetragen.

Schokoladensuppe für 4 Personen. Haferflocken werden mit dem Wasser angesetzt, 40 Minuten langsam gekocht, dann wird der Kakao dazugegeben, ebenso der Zucker. Mit diesen Zutaten wird die Suppe zweimal aufgekocht. Süßstofflösung darf nicht kochen.

Zutaten: 30 Gr. Haferflocken, 20 Gr. Kakao, 1½ Ltr. Wasser, 1 Eßl. Zucker oder ½ Teel. Süßstofflösung.

Reiskaltschale für 4 Personen. Für die heißen Tage, auch für Kranke geeignet. Der Reis wird mit kaltem Wasser 3- bis 4mal gewaschen, dann mit ½ Ltr. kochendem Wasser angesetzt und zugedeckt 20 Minuten gekocht. Das ganze Ei wird mit dem Zucker inzwischen 10 Minuten geschlagen, der kochende Reis wird unter Rühren nach und nach dazugegossen, dann fügt man den Saft der Zitrone, den Wein oder den Fruchtsaft dazu.

Zutaten: 100 Gr. Reis, 1 Zitr., 100 Gr. Zucker, ½ Ltr. koch. Wasser, 1 Ei, ¾ Ltr. Weißwein od. Saft v. Stachelbeer.

Erdbeerkaltschale für 6 Personen. 500 Gr. recht reife Erdbeeren werden gewaschen, abgezupft, mit 50 Gr. Zucker überstreut und zugedeckt 1 Stunde kaltgestellt. Die Hälfte der Erdbeeren streicht man durch ein Sieb, 1½ Ltr. frische Milch oder Rahm gibt man dazu, außerdem 50 Gr. kleine Suppenmakronen und die übrigen Erdbeeren mit ihrem Saft. Statt Makronen können Zwiebäcke genommen werden.

Bier mit Rahm und Ei mit geröstetem Brot oder Zwieback für 1 Person. Für Kranke geeignet. Das ganze Ei wird mit dem Zucker 10 Minuten geschlagen, danach kocht man das Bier und gießt unter Rühren das kochende Bier an das Ei. Der Rahm oder die Milch wird für sich aufgekocht und dazugegossen. Ungekochte Milch darf man nicht mit Bier mischen, die Milch oder der Rahm gerinnt. Das Getränk wird dadurch schwer verdaulich. Statt Bier kann auch Weißwein genommen werden.

Zutaten: ¼ Ltr. gutes Bier, 1 Ei, 10 Gr. Zuck., ⅛ Ltr. Rahm od. Milch.

Weinkaltschale. Kaneel und Wasser werden zugedeckt einmal aufgekocht. Die Zitronenscheiben, ohne Kerne, legt man in das Wasser; wenn dieses erkaltet ist, werden Zucker, gestoßener Zwieback und Wein dazugegeben.

Zutaten: 50 Gr. Zwieback, 50 Gr. Zucker, ½ Zitrone, ½ Ltr. Wasser, ½ Ltr. Weißwein, 2 Gr. Kaneel.

Fliederbeersuppe mit Schwemmklößen für 20 Personen. Die Fliederbeeren werden abgerupft, mit 6 Ltr. kochendem Wasser angesetzt und 1 Stunde langsam gekocht. 1 Kilo Prinzäpfel wird geschält, in dünne Scheiben geschnitten, dann mit ½ Ltr. Wasser, 1 Kochl. Zucker weich gedämpft. Diese Apfelscheiben mit dem Saft werden beim Anrichten in die fertige Suppe getan. Die Schale der Äpfel kocht man mit den Fliederbeeren. Maizena rührt man mit ¼ Ltr. kaltem Wasser aus, gibt dieses unter Rühren in die kochende Suppe und läßt sie nochmals 5 Minuten kochen; dann streicht man sie durch ein Sieb. Nun erst gibt man den Zucker an die Suppe. Als Einlage gibt man Schwemmklöße oder Zwieback.

Zutaten: 2 Kilo Fliederbeeren, 6 Ltr. koch. Wasser, 1 Kilo Prinzäpfel, ½ Ltr. Wasser, 125 Gr. Maizena, ¼ Ltr. kaltes Wasser, 250 Gr. Zucker.

Hasensuppe von Knochenresten eines gebratenen Hasen. Auch das Herz, die Rippen, die Vorderläufe, den Kopf nimmt man zu dieser vorzüglichen Suppe. 1 Teel. Zucker läßt man in einem Topf dunkelbraun werden, dann legt man sämtliche Knochenreste in den Topf, streut 1 Kochl. Weizenmehl darüber, 6 Pfefferkörner, 1 Teel. Salz gibt man dazu, außerdem 1½ Ltr. Wasser, 1 Stück Sellerie, 1 Stück Porree, 1 weiße geputzte Petersilienwurzel. Die Suppe läßt man zugedeckt 2 Stunden langsam kochen. Nach dieser Zeit wird 1 gehäufter Teel. Curry-Puder dazugegeben. 1 Eßl. Kartoffelmehl rührt man mit ¼ Ltr. kaltem Wasser aus, gießt es an die kochende Suppe und kocht sie noch 5 Minuten. Dann werden die Knochen aus der Suppe genommen und diese beim Anrichten durch ein Sieb gegossen. Als Einlage nimmt man Käseklöße.

Zutaten: 6 Eßl. Zucker u. ½ Ltr. heiß. Wasser.

Zuckerfarbe oder Couleur auf Vorrat. Die Zuckerfarbe oder auch Couleur genannt, verwendet man für braune Tunken und Suppen. Man bereitet sie, indem man 6 Eßl. Zucker in einer Pfanne unter Rühren auf mäßigem Feuer dunkelbraun brennt, dann ½ Ltr. heißes Wasser dazugießt und das Ganze 3 Minuten kocht.

Zutaten: 125 Gr. Sago, ½ Liter Weißwein, 1 Zitrone, 2 Eidotter, 125 Gr. Zucker, 1 Ltr. Wasser.

Weinsuppe für 6 Personen. Für Kranke geeignet. Den Sago setzt man mit 1 Ltr. kochendem Wasser an und kocht ihn unter Rühren 30 Minuten. Man gießt ½ Ltr. Weißwein, den Saft von 1 Zitrone durch ein Sieb dazu, läßt die Suppe einmal aufkochen und quirlt sie mit 2 Eidottern ab, die man vorher 10 Minuten tüchtig gerührt hat. Nach Geschmack gibt man 125 Gr. Zucker gazu. Will man Gewürze verwenden, kann Kaneel oder Vanille dazugegeben werden.

Zutaten: 1 Kilo Pflaumen, 2 Ltr. kochendes Wasser, 1 gehäufter Kochl. Maizena, ⅛ Ltr. kaltes Wasser, 65—125 Gr. Zucker.

Frische Pflaumensuppe für 6 Personen. 1 Kilo Pflaumen wird gewaschen, ausgekernt und mit 2 Ltr. kochendem Wasser angesetzt, dann im geschlossenen Topf 30 Minuten gekocht. Rührt 1 gehäuften Kochl. Maizena mit ⅛ Ltr. kaltem Wasser aus, gießt dieses unter Rühren an die kochenden Pflaumen und kocht die Suppe hiermit 5 Minuten. Das Ganze wird durch ein Sieb gestrichen und nach Geschmack 65 Gr. Zucker dazugegeben.

Zutaten: 1 Kilo Zwetschen, 30 Gr. Zucker, 2 Ltr. Wasser, 1 Eßl. Maizena, ⅛ Ltr. kaltes Wasser.

Frische Pflaumensuppe auf andere Art mit Grießklößen für 6 Personen. Von den Zwetschen legt man 250 Gr. in eine Schüssel, gießt reichlich kochendes Wasser auf die Zwetschen und zieht die Haut ab, entfernt den Stein, setzt die Zwetschen mit 1 Löffel Zucker im geschlossenen Topf an und dämpft sie in 10 Minuten weich. Diese verwendet man als Einlage zur Suppe. Die übrigen Zwetschen werden vom Kern befreit, dann mit 2 Ltr. Wasser angesetzt und im geschlossenen Topf 10 bis 20 Minuten gekocht. 1 Eßl. Maizena rührt man mit ⅛ Ltr. kaltem Wasser aus; dann gibt man dieses unter Rühren an die Suppe, läßt sie hiermit 5 Minuten kochen, danach streicht man sie durch ein Sieb und gibt den Zucker dazu. Als Einlage gibt man Brotbröckchen oder Grieß oder Schwemmklöße und die vorher abgezogenen Zwetschen.

Spinatsuppe für 3 Personen. Die Suppe ist für Kranke geeignet. Der Spinat wird mit reichlich kaltem Wasser 3- bis 4mal gewaschen, danach mit 1/4 Ltr. kochendem Wasser und 1 Messerspitze Natron angesetzt; zugedeckt wird der Spinat 20 Minuten gekocht, inzwischen umgerührt, nach dieser Zeit wird der Spinat auf ein Sieb gegossen und durch das Sieb gestrichen. Butter und Mehl schwitzt man im Topfe unter Rühren, gibt den Spinat, das Spinatwasser und die Milch dazu. Das Eidotter wird in einer Schüssel mit 1 Teel. Salz 10 Minuten gerührt, die kochende Suppe wird nach und nach an das Ei gegossen. Mit dem Ei darf die Suppe nicht mehr kochen. Das Weiße vom Ei wird zu festem Schnee geschlagen. Mit einem Löffel setzt man Klöße auf die fertige heiße Suppe, deckt die Suppe mit einem Deckel zu. Nach 5 Minuten anrichten.

Zutaten: 1/2 Kilo Spinat, 1/8 Ltr. Milch, 1 Ei, 30 Gr. Mehl, 10 Gr. Butter.

Kirschsuppe für 6 Personen. 250 Gr. getrocknete und gequetschte Kirschen werden mit 2 1/2 Ltr. Wasser angesetzt, im geschlossenen Topf 2 Stunden langsam gekocht. 2 Eßl. Maizenamehl rührt man mit 1/8 Ltr. kaltem Wasser aus, gibt dieses unter Rühren an die kochende Suppe, läßt die Suppe noch 10 Minuten langsam kochen, streicht sie durch ein Sieb und gibt den Zucker dazu. Als Einlage dienen Schwemm- oder Grießklöße, Zwieback, Flammeri von Reismehl oder Grieß.

Zutaten: 250 Gr. getrockn. u. gequetschte Kirschen, 2 1/2 Ltr. Wasser, 2 Eßl. Maizenamehl, 1/8 Ltr. kaltes Wasser, 65 Gr. Zucker.

Bickbeersuppe für 6 Personen. Die getrockneten Bickbeeren werden gewaschen, mit 1 1/2 Ltr. kaltem Wasser angesetzt und im geschlossenen Topf 30 Minuten langsam gekocht. 2 Eßl. Maizenamehl rührt man mit 1/8 Ltr. kaltem Wasser, gibt dieses unter Rühren an die Suppe und läßt sie hiermit noch 5 Minuten kochen. Sodann gießt man die Suppe durch ein Sieb und streicht die zurückbleibende Masse scharf durch. Als Einlage sind Schwemmklöße, Reismehl oder Maizenaflammeri zu nehmen.

Zutaten: 1/2 Ko. frische oder 125 Gr. getrockn. Bickbeeren, 1 1/2 Ltr. kaltes Wasser, 2 Eßl. Maizenamehl, 1/8 Ltr. kaltes Wasser.

Buttermilchsuppe für 2 Personen. Für Kranke geeignet. Die Haferflocken werden mit 1/4 Ltr. kochendem Wasser angesetzt und zugedeckt langsam 45 Minuten gekocht. Dann gießt man unter Rühren die Buttermilch dazu und läßt die Suppe nochmals 5 Minuten kochen. Die ganzen Eier schlägt man mit dem Zucker 10 Minuten. Die kochende Suppe wird unter Rühren nach und nach dazugegossen. Mit dem Ei darf die Suppe nicht mehr kochen. Sie wird beim Anrichten durch ein Sieb gegossen.

Zutaten: 1 Ltr. Buttermilch, 65 Gr. Haferflocken, 30 Gr. Zucker, 2 Eier.

Buttermilchsuppe mit Sago für 6 Personen. Die Buttermilch wird unter Rühren ins Kochen gebracht, dann streut man den Sago unter weiterem Rühren nach und nach in die kochende Buttermilch. Die Suppe wird nun 20 Minuten langsam gekocht. Das ganze Ei schlägt man in einer Schüssel 10 Minuten, gießt unter Rühren die fertige kochende Suppe an das Ei. Liebt man Gewürz, so kann 1 Stück Zitronenschale, Kaneel, Vanille, Anis oder Kümmel dazugegeben werden. Diese Suppe ist für Kranke geeignet.

Zutaten: 2 Ltr. Buttermilch, 200 Gr. Sago, 1 Ei, 60 Gr. Zucker, oder Süßstoff nach Geschmack.

Buttermilchsuppe mit Klackerklüten für 4 Personen. Man kennt die Suppe unter diesem Namen nur in Norddeutschland. Buttermilchsuppen kann man auch Patienten in jeder Gestalt geben; diese Suppen sind außerordentlich gesund, nur mit Klackerklüten ist die Suppe für Kranke zu schwer verdaulich. Das Ei schlägt man in einer Schüssel 10 Minuten, dann gibt man 15 Gr. Weizenmehl und ¼ Ltr. kalte Buttermilch dazu. Diesen Teig rührt man noch 5 Minuten. 1½ Ltr. Buttermilch bringt man unter Rühren ins Kochen. Die Mehlmasse gießt man unter Rühren durch einen groben Durchschlag in die kochende Buttermilch. 1 Teel. Anis, 30 Gr. Zucker gibt man dazu und kocht die Suppe 5 Minuten.

Zutaten: 1¾ Ltr. Buttermilch, 1 Ei, 15 Gr. Weizenmehl, 1 Teel. Anis, 30 Gr. Zucker.

Buttermilchsuppe nach ländlicher Art für 6 Personen. Man kann diese Suppe für Kranke verwenden. Die Kartoffeln werden geschält, gewaschen, bis zur Hälfte mit kaltem Wasser bedeckt angesetzt und zugedeckt langsam 30 Minuten gekocht. Nach dieser Zeit wird das Wasser abgegossen, die Kartoffeln werden auf geschlossenem Herd trocken gedämpft und danach schnell durch ein Sieb gestrichen. Das Mehl wird mit ¼ Ltr. Buttermilch im Kochtopfe verrührt, danach wird die übrige kalte Buttermilch dazugegossen, und unter Rühren wird die Suppe ins Kochen gebracht und langsam 10 Minuten gekocht. Dann gibt man das Kartoffelmus dazu und den in Würfel geschnittenen und ausgebratenen Speck. Für Kranke nimmt man keinen Speck, sondern frische Butter.

Zutaten: 250 Gr. Kartoffeln, 2 Ltr. frische Buttermilch, 15 Gr. Weizenmehl, 3 Gr. Salz, 20 Gr. geräucherter Speck.

Hafersuppe für Kinder und Kranke. 100 Gr. Hafermehl wird mit ½ Ltr. kaltem Wasser im Topfe angerührt, hierauf gießt man 1 Ltr. kochendes Wasser dazu und kocht die Suppe langsam unter Rühren ½ Stunde. Sie darf nicht überkochen. 1—2 Eier schlägt man mit 10 Gr. Zucker und 2 Gr. Salz in einer Schüssel 10 Minuten, danach gießt man die kochende Suppe nach und nach dazu. 1 Eßl. Zitronensaft und 1 Eßl. frische Butter gibt man dazu. Für die Kinder nimmt man noch etwas mehr Zucker. Man kann auch an die nicht mehr kochende Suppe 2 bis 4 Eßl. Biomalz geben. Die Suppe schmeckt vorzüglich.

Zutaten: 100 Gr. Hafermehl, 1—2 Eier, 10 Gr. Zucker, 2 Gr. Salz, 1 Eßl. Zitronensaft, 1 Eßl. frische Butter.

Haferschleim mit Äpfeln oder Pflaumen für 1 Person. Die Äpfel wäscht man und schneidet sie in Stücke. Die Grütze wird mit ¾ Ltr. kaltem Wasser angesetzt und langsam 45 Minuten gekocht, sie darf nicht überkochen. Nach dieser Zeit werden die Apfelstücke dazugegeben, die Grütze noch ¼ Stunde gekocht, und hiernach wird das Ganze scharf durch ein Sieb gegeben. Nun erst fügt man den Zucker hinzu. Will man Pflaumen verwenden, so werden diese am Abend vor dem Gebrauch eingeweicht und dann 1 Stunde mit der Grütze gekocht. Graupen kann man statt Hafergrütze nehmen. Graupenschleim mögen die Patienten nicht gern, deshalb soll man lieber Hafergrütze nehmen.

Zutaten: 15 Gr. beste Hafergrütze, 125 Gr. Äpfel, 10 Gr. Zucker.

Haferschleimsuppe für 4 Personen. Die Grütze wird mit 1½ Liter kaltem Wasser und dem Salz angesetzt und langsam 40 Minuten gekocht, dann durch ein Sieb gestrichen, mit den übrigen Zutaten 10 Minuten gekocht und mit dem Zitronensaft oder Wein gewürzt.

Zutaten: 100 Gr. Hafergrütze, 1½ Lt. Wasser, 10 Gr. Butter, 2 Eßl. Korinthen, 1 St. Zimt, Zitronenschale, ½ Teelöffel Salz, 50 Gr. Zucker, 1 Zitrone.

Graupensuppe mit Buttermilch für 3 Personen. 125 Gr. Graupen werden am Abend vor dem Gebrauch in 1 Ltr. kaltem Wasser eingeweicht, mit diesem Wasser ins Kochen gebracht und 2 Stunden langsam gekocht. Nach dieser Zeit gießt man 1 Ltr. Buttermilch dazu, kocht unter Rühren die Buttermilch mit den Graupen einmal auf. 1 Teel. Weizenmehl rührt man mit 2 Teel. kaltem Wasser aus, gießt dieses unter Rühren an die kochende Suppe und läßt sie hiermit 3 Minuten kochen. Nach Geschmack wird Zucker hinzugefügt. Statt Graupen verwendet man auch Reismehl oder Tapioka oder Haferflocken.

Zutaten: 125 Gr. Graupen, 1 Ltr. Wasser, 1 Ltr. Buttermilch, 1 Teel. Weizenmehl.

Süße Graupensuppe für 5—6 Personen. Die Graupen mit der Butter verrühren, Salz, etwas Zitronenschale, Korinthen, Kaneel und das Wasser dazugeben. Man kocht die Suppe langsam 1 Stunde. Nach dieser Zeit wird der Zucker und der Zitronensaft dazugegeben.

Zutaten: 100 Gr. feine Graupen, 10 Gr. Butter, Kaneel, Saft v. 2 Zitr., 10 Gr. Salz, 1½ Ltr. Wasser, 1 Stck. Zitronenschale, 50 Gr. Korinthen, 50 Gr. Zucker.

Biersuppe für 6 Personen. Für Kranke geeignet. ½ Ltr. Milch bringt man ins Kochen, rührt 1 gehäuften Kochl. Weizenmehl in einer Schüssel mit ⅛ Ltr. kaltem Wasser, gießt das Mehl unter Rühren an die kochende Milch, kocht diese 5 Minuten. 2 Flaschen Bier bringt man in einem andern Topf ins Kochen, gießt das kochende Bier an die Milch, nachdem sie mit dem Mehl 5 Minuten gekocht wurde. 3 Eidotter rührt man mit 1 Kochl. Zucker 10 Minuten und quirlt die Suppe damit ab. Die Suppe darf mit den Eiern nicht kochen, den Zucker fügt man hinzu. An das Bier kann auch 1 Teel.

Zutaten: ½ Ltr. Milch, 1 gehäufter Kochlöffel Weizenmehl, ⅛ Ltr. kalt. Wasser, 2 Flasch. Bier, 3 Eidotter, 1 Kchl. Zucker, 65 Gr. Zucker, 1 Teel. Kümmel, 2 Kchl. Zucker.

Kümmel getan werden. Das Eiweiß schlägt man mit 2 Kochl. Zucker zu festem Schnee und setzt beim Anrichten mit einem Löffel Klöße hiervon auf die heiße Suppe; doch darf die Suppe hiermit nicht kochen.

Biersuppe mit Brot für 4 Personen. Statt Anis kann man auch etwas getrocknete Apfelsinen- oder Zitronenschale nehmen. Am Abend vor dem Gebrauch wird das Brot mit dem kalten Wasser eingeweicht, am nächsten Morgen mit diesem Wasser und dem Gewürz angesetzt und zugedeckt 10 Minuten gekocht, danach streicht man die Brotmasse durch ein Sieb, bringt sie mit dem Bier ins Kochen, gibt Butter, Zucker an die Suppe. Diese Suppe ist für Kranke geeignet. Kinder essen sie meistens nicht gern.

Zutaten: 250 Gr. Brot, 1 Fl. Bier, 1 Teel. Kümmel oder Anis, 1 Ltr. Wasser, 10 Gr. Butter, 20 Gr. Zucker.

Eiermilch für 1 Person. 1/4 Ltr. Milch, 1 Ei, 5 Gr. Zucker. Eidotter und Zucker rührt man in einem Milchtopf oder in einer Kanne 10 Minuten, dann erst setzt man die Milch zum Kochen auf die Gasflamme oder auf den Herd, während dieser Zeit wird die Milch gerührt, damit sich keine Haut bildet. Danach gießt man die kochende Milch unter Rühren an das Eidotter mit Zucker. Das Weiße vom Ei wird mit 2 Gr. Zucker zu festem Schnee geschlagen und rasch auf die fertige und heiße Eiermilch gesetzt, zugedeckt. Nach 5 Minuten ist das nahrhafte Getränk gebrauchsfähig. Man kann mit der Milch ein kleines Stück Zitronenschale oder Vanille kochen.

Apfelsuppe für 6—8 Personen. 250 Gr. Reis setzt man mit 2 1/2 Ltr. Wasser, 1 Stück Zitronenschale und Kaneel an. Die Kochäpfel, am besten Prinzäpfel, werden geschält, vom Kernhaus befreit, in Scheiben geschnitten und in die Suppe getan. Dann das Ganze 1 Stunde langsam gekocht und die Suppe mit Zucker gewürzt. Sollte sie nicht sämig genug sein, gibt man 1 Eßl. ausgerührtes Maizenamehl dazu.

Zutaten: 250 Gr. Reis, 2 1/2 Ltr. Wasser, 1 Stck. Zitronenschale u. Kaneel, 1 Kilo Kochäpfel, 65 Gr. Zucker. 1 Eßl. ausgerührt. Maizenamehl.

Apfelsuppe für 8 Personen. Die geschälten Äpfel werden mit 1 1/2 Ltr. Wasser weich gekocht und durch ein Sieb gestrichen. Der Sago wird mit dem Apfelwasser angesetzt und 10—20 Minuten gekocht, dann wird die Suppe mit 65 Gr. Zucker abgeschmeckt. Als Gewürz kann man ein Stück Zitronenschale oder Kaneel verwenden. Als Einlage für die Suppe nimmt man Brotstückchen, die in einer Pfanne mit Butter und etwas Zucker geröstet sind.

Zutaten: 1 Kilo Kochäpfel, 65 Gr. Sago, 65 Gr. Zucker.

Apfelsuppe mit Grieß für 6 Personen. 1 Kilo säuerliche Äpfel werden gewaschen und in Würfel geschnitten, dann mit 2 Ltr. kochendem Wasser, 1 Stück Zitronenschale angesetzt und im geschlossenen Topf 20 Minuten gekocht. Nach dieser Zeit streicht man das Ganze durch ein Sieb, bringt die Flüssigkeit wieder ins Kochen. 65 Gr. Grieß rührt man mit 1/4 Ltr. kaltem

Zutaten: 1 Kilo Äpfel, 2 Ltr. Wasser, 65 Gr. Grieß, 65 Gr. Zucker, 1 Stck. Zitronenschale.

Wasser aus, gießt dieses unter Rühren an das kochende Apfelwasser. Nun kocht man die Suppe noch 10 Minuten. Hiernach wird sie mit 65 Gr. Zucker abgeschmeckt. Diese Suppe kann man auch für Kinder und Kranke verwenden.

Zitronensuppe für 5 Personen. Für Fieberkranke und Kinder geeignet. 2 Eßl. Grieß verrührt man mit ¼ Ltr. kaltem Wasser, gießt dann 1½ Ltr. kochendes Wasser dazu. Unter Rühren bringt man das Ganze ins Kochen, dann stellt man die Suppe zugedeckt beiseite und kocht sie langsam 30 Minuten. 1 Stück Zitronenschale bringt man mit ins Kochen. 2 Eidotter rührt man 5 Minuten tüchtig und gibt unter Rühren nach und nach die kochende Suppe dazu. Mit dem Ei darf die Suppe nicht mehr kochen. Nun kommt der Saft von 2—3 Zitronen durch ein Sieb dazu und 65 Gr. Zucker. Die Zitronenschale nimmt man heraus und verrührt die Suppe mit dem festen Schnee der Eier.

Zutaten: 60 Gr. Grieß, ¼ Ltr. kaltes Wasser, 1½ Ltr. koch. Wasser, 1 Stck. Zitronenschale, 2 Eidotter, der Saft von 2—3 Zitronen, 65 Gr. Zucker.

Auf andere Art. 1½ Ltr. Wasser bringt man mit 1 Stück Zitronenschale ins Kochen. 1 Eßl. Mondamin oder Maizena rührt man mit ⅛ Ltr. Wasser aus. Unter Rühren gibt man es an die kochende Suppe. Unter weiterem Rühren läßt man sie 5 Minuten kochen, dann wird die Suppe mit Eidottern, Zucker, Zitronensaft und Eiweiß vollendet, wie vorstehend.

Zutaten: 1½ Ltr. Wasser, 1 Stck. Zitronenschale, 1 Eßl. Mondamin oder Maizena, ⅛ Ltr. Wasser, Eidotter, Zucker, Zitronensaft wie vorstehend.

Rhabarbergrütze mit Sago. Der Rhabarber wird dünn geschält, in recht kleine Würfel geschnitten, danach mit dem Wasser angesetzt und zugedeckt langsam 20 Minuten gekocht. Nach dieser Zeit wird unter Rühren der Sago langsam an den kochenden Rhabarber gestreut, unter weiterem Rühren läßt man die Masse langsam 20 Minuten kochen und fügt 125 Gr. Zucker hinzu. Danach schüttet man die Grütze in eine vorher mit kaltem Wasser ausgespülte Steingutform. Man gibt Vanilletunke oder Milch dazu.

Zutaten: ½ Kilo Rhabarber, 225 Gr. Sago, 1½ Liter Wasser.

Rhabarbersuppe für 1 Person. Der Rhabarber wird in Stücke geschnitten, mit dem Wasser angesetzt und zugedeckt 10 Minuten gekocht, nach dieser Zeit durch ein Sieb gestrichen. Die Flüssigkeit wird wieder ins Kochen gebracht, unter Rühren wird der Sago in die kochende Suppe gestreut, und nun wird die Suppe zugedeckt langsam 15 Minuten gekocht, dann kommt der Zucker dazu.

Zutaten: 125 Gr. frisch. Rhabarb., ½ Ltr. Wasser, 10 Gr. Sago, 20 Gr. Zucker.

Brotsuppe für 3 Personen. Das Brot wird mit dem Wasser am Tage vor dem Gebrauch eingeweicht, mit diesem Wasser angesetzt und zugedeckt langsam 30 Minuten gekocht. Danach gießt man die Buttermilch dazu, unter Rühren läßt man die Suppe einmal aufkochen. Dann streicht man sie rasch durch ein Sieb und fügt den Zucker hinzu.

Zutaten: 250 Gr. altes Brot, ½ Ltr. Buttermilch, Weiß- od. Apfelwein. 65 Gr. Zucker, ¾ Ltr. Wasser.

Verwendet man Bier oder Wein, so läßt man die Suppe nicht wieder kochen. Will man die Suppe verbessern, so kann 1 Löffel Butter dazugegeben werden, auch kann die Suppe mit 1 Ei abgerührt werden. Sie ist für Kranke geeignet.

Buchweizengrütze für 3 Personen. Für Kinder und Kranke.

Zutat.: 250 Gr. Grütze, 1 Ltr. koch. Wasser, 1 Teel. Salz, 1 Teel. Butter, Zuck. u. Milch.

250 Gr. Grütze wird angesetzt mit 1 Ltr. kochendem Wasser, 1 Teel. Salz, und zugedeckt recht langsam 2 Stunden gekocht. Benutzt man die Kochkiste, so wird die Grütze 4—5 Minuten angekocht und dann schnell in die vorher erwärmte Kochkiste gestellt. Man gibt an die Grütze beim Anrichten 1 Teel. Butter, Zucker und Milch.

Zutat.: ½ Kilo Quitten, 250 Gr. Gerstengrütze oder Haferflocken, 1½ Ltr. Wasser, Zucker oder Süßstoff nach Geschmack.

Quittengrütze. ½ Kilo Quitten werden geschält, vom Kernhaus befreit, dann in kleine Stücke geschnitten mit 250 Gr. Gerstengrütze oder Haferflocken, 1½ Ltr. Wasser angesetzt und 2 Stunden langsam gekocht. Es ist sparsamer, wenn man die Grütze 45 Minuten ankocht und in der Heukiste vollendet. Zucker oder Süßstoff nach Geschmack hinzufügen.

KLÖSSE UND SUPPENEINLAGEN

Zutaten: 1 Kilo Kartoffeln, 125 Gr. rohe Kartoffeln, 375 Gr. Mehl, 2 Eier, 10 Gr. Salz.

Kartoffelklöße. Die geschälten Kartoffeln werden am Tage vor dem Gebrauch bis zur Hälfte bedeckt mit kaltem Wasser, 1 Teel. Salz angesetzt und zugedeckt 30 Minuten gekocht. Nach dieser Zeit gießt man das Wasser ab und dämpft die Kartoffeln trocken. Am nächsten Tage werden diese Kartoffeln gerieben. Die rohe geriebene Kartoffelmasse gießt man auf ein Sieb, drückt die Masse etwas aus, mischt sie mit den geriebenen Kartoffeln. Die Kartoffelflüssigkeit läßt man 30 Minuten stehen, nach dieser Zeit wird die Flüssigkeit abgegossen und die zurückbleibende Kartoffelstärke (das Kartoffelmehl) und die Eier werden mit der Kloßmasse vermischt. Man formt 30 Klöße, legt sie in kochendes Wasser mit dem Salz und kocht sie 30 Minuten.

Zutaten: 200 Gr. geschälte Kartoffeln, 70 Gr. Weizenmehl, 30 Gr. Butter, ⅛ Ltr. Wasser od. Milch, 20 Gr. geriebener Schweizerkäse, 2 Eidotter.

Feinere Kartoffelklöße für 4 Personen. Als Beilage zu jedem Braten. Die Kartoffeln werden mit Wasser bedeckt angesetzt und zugedeckt 30 Minuten gekocht. Danach gießt man das Wasser ab und dämpft die Kartoffeln trocken. Hiernach streicht man sie rasch durch ein Sieb. Mehl und Butter schwitzt man im Topfe unter Rühren 2 Minuten. Dann gießt man das Wasser oder die Milch dazu und rührt den Teig auf geschlossenem Herd, bis die Masse vom Topfe läßt. Die gesiebte Kartoffelmasse gibt man dazu und, wenn diese ausgekühlt ist, die Eidotter nach und nach und die Hälfte vom geriebenen Käse. Nun stellt man die Masse 2 Stunden vor dem Gebrauch zum Erkalten beiseite, danach formt man Kugeln. Hierbei wird die Handfläche mit Mehl bestäubt. 1/2 Ltr. Wasser wird mit 1 Teel. Salz ins Kochen gebracht, die Klöße werden hineingelegt und nun 6 Minuten lang gekocht. Nach der Kochzeit nimmt man die Klöße mit dem Schauml. aus dem Wasser und bestreut sie mit dem Käse.

Grießklöße für 6 Personen. 65 Gr. Grieß schüttet man in einen trockenen Topf, gießt 1/4 Ltr. kaltes Wasser auf den Grieß; 1 gehäuften Kochl. Butter gibt man dazu, rührt die Masse bei mäßiger Hitze 10 Minuten, bis der Teig glatt vom Topfe läßt, und stellt dann die Masse 30 Minuten zum Erkalten beiseite. Hierauf sind 3 ganze Eier nach und nach dazuzugeben, und die Klöße sind, wie vorstehend angegeben, zu formen und in Salzwasser 5 Minuten zu kochen und zu Fleischbrühe und Fruchtsuppen zu verwenden. *Zutaten: 65 Gr. Grieß, 1/4 Ltr. kalt. Wasser, 1 gehäuft. Kochl. Butter, 3 ganze Eier.*

Klöße von Dickmilch mit Grieß. Die Butter wird mit der recht trockenen Dickmilch 5 Minuten gerührt, dann fügt man Grieß, das geriebene Brot und zuletzt die Eier hinzu. Von dieser Masse formt man 20 Klöße, setzt sie in kochendes Salzwasser und kocht sie 10—15 Minuten. Beim Formen der Klöße wird die Handfläche mit Mehl bestäubt. Dazu gibt man jedes Kompott, außerdem gießt man beim Anrichten leicht gebräunte Butter oder ausgebratenen Speck über die Klöße. *Zutaten: 250 Gr. recht gut abgetropfte Dickmilch (Quark), 125 Gr. Grieß, 30 Gr. gerieb. Weißbrot (Rundstck.), 20 Gr. Butter, 2 Eier.*

Hamburger Mehlklöße für 4 Personen. Das Mehl schüttet man in eine Schüssel. Butter, Salz und Wasser bringt man ins Kochen, gießt diese Flüssigkeit sehr schnell unter raschem Rühren zu dem Mehl und rührt diese Masse in der Schüssel 5 Minuten tüchtig. 1 Ltr. Wasser bringt man mit 2 Teel. Salz ins Kochen, formt von der Teigmasse 12 runde Klöße, legt diese in das kochende Salzwasser und kocht sie ohne Deckel langsam 5 Minuten. Diese Klöße gibt man zum Schmorbraten, auch als Einlage der Hamburger Aalsuppe und auch zum kalten Sauerfleisch. *Zutaten: 125 Gr. Mehl, 1/2 Kochl. Butter, 1/2 Teel. Salz, 1/8 Ltr. koch. Wasser.*

Brotklöße für Suppen und Fleischgerichte. 2 Rundstücke werden geschält, dann mit lauwarmem Wasser 1 bis 2 Minuten eingeweicht und gut ausgedrückt. Sodann das Brot mit 1/2 Löffel Butter in die Pfanne gelegt, den Teig so lange gerührt, bis er glatt von der Pfanne läßt (5—8 Minuten), dann 30 Minuten zum Erkalten beiseitegestellt. Hierauf gibt man 1 ganzes Ei und 1/2 Teel. feingehackte Petersilie dazu, formt Klöße, indem man die Handflächen reichlich mit Mehl bestreut, setzt die Klöße mit reichlich kochendem Wasser an und läßt sie ohne Deckel 5 Minuten kochen. *Zutaten: 2 Rundstück., 1/2 Löffel Butter, 1 ganzes Ei, 1/2 Teel. feingehackte Petersilie.*

Markklöße für 10—12 Personen. Sämtliche Zutaten verrührt man gut miteinander, dann formt man kleine Bälle, legt sie in einen flachen Topf, gießt kochendes Wasser darauf und läßt sie 5 Minuten ziehen.

Zutaten: 65 Gr. feingehacktes Ochsenmark, 3 gerieb. Rundstücke, 1 Teel. feingehackte Petersilie, 1 Messerspitze Salz, 2 Eidotter.

Nierenfettklöße sind geeignet als Einlage für Erbsen- und Bohnensuppen oder auch als Beigabe zum Pökelfleisch, Schwarzsauer, Schmorbraten, Schweinesauerfleisch. Das Fett wird von der Haut und den Sehnen befreit und hiernach recht fein gehackt. Dann mengt man es mit dem Mehl, macht hierin eine Vertiefung, die ganzen Eier werden 5 Minuten geschlagen und dann in die Vertiefung vom Mehl geschüttet, außerdem $1/8$ Ltr. Milch. Von dieser gut verrührten Teigmasse formt man Klöße, so groß wie eine Kartoffel. $1 1/2$ Ltr. Wasser bringt man mit 1 Eßl. Salz ins Kochen, legt die Klöße in das kochende Wasser und kocht sie ohne Deckel 15 Minuten.

Zutaten: 125 Gr. Nierenfett, 2 Eier, $1/2$ Kilo Mehl, $1/8$ Ltr. Milch, $1 1/2$ Ltr. Wasser, 1 Eßl Salz.

Grüne Schwemmklöße für 6 Personen. Man verwendet sie als Einlage zur Fleischsuppe. 65 Gr. Mehl und 65 Gr. Butter schwitzt man im Topfe unter Rühren 5 Minuten, gießt dann $1/8$ Ltr. Wasser dazu und rührt den Teig noch 3—5 Minuten auf mäßigem Feuer, bis die Masse glatt vom Topfe läßt, dann stellt man den Teig 30 Minuten zum Erkalten beiseite und gibt nun unter tüchtigem Rühren die Eier dazu. Ganz zuletzt 1 Teel. Spinat. 2 Ltr. Wasser bringt man mit 1 gehäuften Eßl. Salz ins Kochen, formt mit einem Teel. Klöße und setzt diese in das langsam kochende Wasser. Man läßt sie recht langsam 5 Minuten kochen. Inzwischen werden sie mit einem breiten Schauml. einmal umgelegt. Kocht das Wasser während dieser Zeit zu stark, werden die Klöße unansehnlich.

Zutaten: 65 Gr. Mehl, 65 Gr. Butter, $1/8$ Ltr. Wasser, 1 Teel. Spinat, 2 Ltr. Wasser, 1 gehäufter Eßl. Salz, 2 Eier.

Schwemmklöße für 4 Personen. 65 Gr. Mehl, 65 Gr. Butter schwitzt man im Topfe unter Rühren bei mäßiger Hitze 5 Minuten, gießt dann $1/8$ Ltr. Wasser hinzu und rührt den Teig 3—5 Minuten, bis die Masse glatt vom Topfe läßt. Dann wird der Teig 30 Minuten zum Auskühlen beiseitegestellt, und nach und nach 2 ganze Eier dazugegeben; mit einem Teel. formt man die Klöße, wirft sie in kochendes Salzwasser und kocht sie ohne Deckel langsam 10 Minuten.

Zutaten: 65 Gr. Mehl, 65 Gr. Butter, $1/8$ Ltr. Wasser, 2 ganze Eier.

Eierstich für 4 Personen. 3 ganze Eier schlägt man in einer Schüssel 5 Minuten, $1/2$ Teel. Salz und 3 Eßl. kalte Milch oder kalte Fleischbrühe werden dazugegeben. Dann gießt man diese Masse durch ein Sieb in eine Schüssel, die vorher mit Butter ausgestrichen wurde. Die Schüssel stellt man fest zugedeckt in einen Topf mit Wasser und läßt das Ganze 30 Minuten im nicht zu heißen Ofen stehen. Sobald der Eierstich vollständig erkaltet ist, wird er in große passende Stücke geschnitten.

Zutaten: 3 ganze Eier, $1/2$ Teel. Salz, 3 Eßl. kalte Milch oder kalte Fleischbrühe.

Kleine Eierklöße oder Schildkröteneier für 6 Personen.
3 hartgekochte Eidotter werden verrührt, ½ Teel.
frische Butter, 1 rohes Eidotter, ½ Teel. Weizenmehl
gibt man dazu, verrührt alles, formt kleine Klöße, legt
diese auf einen tiefen Teller, gießt beim Anrichten rasch kochendes Wasser
über die Klöße, bis sie gut bedeckt sind, und läßt sie mit dem Wasser
1 Minute stehen, dann gießt man es ab und gibt die Klöße in die angerichtete Suppe.

Zutaten: 3 hartgck. Eidott., ½ Teel. frische Butter, 1 roh. Eidotter, ½ Teel. Weizenmehl.

Eierstich mit Trüffeln für 6 Personen. 4 Eier schlägt man
mit ½ Teel. Salz und 1 Eßl. feingehackter Trüffeln
5 Minuten und gießt alsdann 4 Eßl. kalte Milch hinzu.
Eine kleine Schüssel wird mit Butter ausgestrichen
und die Masse durch ein Sieb in diese Schüssel gegossen, welche man in
einen Topf mit heißem Wasser stellt. Diesen Topf stellt man zugedeckt
30 Minuten in den nicht zu heißen Ofen. Durch zu starke Hitze wird der
Eierstich hart und löchrig und dadurch wertlos.

Zutaten: 4 Eier, ½ Teel. Salz, 1 Eßl. feingehackte Trüffeln, 4 Eßl. kalte Milch.

Käseklöße für 6 Personen. 65 Gr. Mehl und 65 Gr.
Butter werden unter Rühren 5 Minuten im Topf geschwitzt, dann wird ⅛ Ltr. Wasser dazugegossen und
5—10 Minuten gerührt, bis die Masse vom Topf losläßt. Dann stellt man die Masse 30 Minuten zum Erkalten beiseite, gibt dann nach und nach 2 ganze Eier,
Käse, 1 Teel. Salz dazu. Nun formt man runde Klöße, legt sie in kochendes
Salzwasser und kocht sie ohne Deckel 10 Minuten.

Zutaten: 65 Gr. Mehl, 65 Gr. Butter, ⅛ Ltr. Wasser, 2 ganze Eier, 1 Teel. gerieben. Käse, 1 Teel. Salz.

1 Teel. geriebenen

Leberklöße für 4 Personen. 65 Gr. Geflügelleber mit
1 Teel. Butter 2 Minuten braten, ½ Rundstück schälen,
weichen, mit der Lebermasse durch ein Sieb streichen,
1 Messerspitze Salz, 1 Messerspitze Pfeffer, 1 Eigelb dazu
geben, Klöße formen und dann mit ¼ Ltr. kochender
Fleischbrühe ansetzen und 2 Minuten langsam kochen.

Zutaten: 65 Gr. Geflügelleber, 1 Teel. Butter, ½ Rundstück, 1 Messerspitze Salz, 1 Messersp. Pfeffer, 1 Eigelb, ¼ Ltr. koch. Fleischbrühe.

Fleischklöße für 6 Personen. Man gibt die Klöße als
Einlage bei Suppen oder Ragouts, 125 Gr. Kalbshack,
1 Teel Salz, ½ Teel. Pfeffer, 1 Messerspitze rohgeriebene Zwiebel. 1 geschältes Rundstück weicht man
1—2 Minuten in lauwarmem Wasser, drückt es gut
aus und mischt es mit dem gehackten Fleisch. Wenn
dies gut verrührt ist, gibt man 1 ganzes Ei dazu. Will man die Masse noch
feiner, so gibt man sie durch ein Drahtsieb. Dann formt man kleine Klöße,
setzt sie mit ½ Ltr. kochender Fleischbrühe, ½ Teel. Salz an, läßt sie
10 Minuten ziehen. Durch starkes Kochen werden die Klöße trocken.

Zutaten: 125 Gr. Kalbshack, 1 Rundstück, 1 Teel. Salz, ½ Teel. Pfeffer, 1 Messerspitze rohgerieben. Zwiebel, 1 Ei, ½ Ltr. Fleischbrühe, ½ Teel. Salz.

Fischklöße für 10 Personen. Das rohe Fleisch vom Schellfisch wird recht fein gehackt, 2 alte Rundstücke werden geschält, mit lauwarmem Wasser 2 Minuten geweicht und ausgedrückt. ½ Kochl. Butter läßt man in der Pfanne dünn werden und gibt das Brot dazu. Unter Rühren bäckt man das Brot bei mäßiger Hitze in 5 Minuten ab. Nachdem dieser Brotkloß etwas ausgekühlt ist, mischt man ihn mit dem rohen Fischfleisch und gibt ¼ Teel. Pfeffer, 1 gehäuften Teel. feingehackte Petersilie und 2 Eidotter dazu. Dann formt man Klöße, die man langsam 5 Minuten in Salzwasser kochen läßt.

Zutaten: ½ Kilo Schellfisch, 2 alt. Rundstück., ½ Kochl. Butter, ¼ Teel. Pfeffer, 1 gehäuft. Teel. feingehackt. Petersilie, 2 Eidotter.

Krebspain. 12 Krebse kocht man in reichlichem Salzwasser 1 Minute und läßt sie zugedeckt hierin erkalten, bricht danach das Fleisch aus den Schalen, hackt letztere recht fein und schwitzt sie mit einem Kochl. Butter zu roter Farbe. Dann wird ½ Ltr. kochendes Wasser auf die Schalen gegossen, das Ganze einmal aufgekocht und durch ein Sieb gegossen. Nun nimmt man die rote Butter ab, schwitzt diese mit ½ Kochl. Mehl im Topfe unter Rühren 1 bis 2 Minuten, gibt 2 Eßl. süßen Rahm dazu und rührt diese Masse auf mäßigem Feuer 1—2 Minuten. Das recht fein gehackte Krebsfleisch, ½ Teel. Salz nach Geschmack und 3 Eidotter kommen dazu. Diese Masse füllt man nun in eine mit Butter ausgestrichene Schüssel, tut die zugedeckte Schüssel in einen Topf mit kochendem Wasser und stellt das Ganze 10—15 Minuten in den nicht zu heißen Ofen. Nachdem diese Masse erkaltet, wird sie in Streifen geschnitten und als Einlage für alle abgerührten weißen Suppen gebraucht. Von 250 Gr. Hummer kann der Pain ebenso bereitet werden.

Zutaten: 12 Krebse, Salzwasser, 1 Kochl. Butter, ½ Ltr. koch. Wasser, ½ Kchl. Mehl, 2 Eßl. süßer Rahm, ½ Teel. Salz, 3 Eidotter.

Brotbröckchen für 6 Personen. 2 Rundstücke schneidet man in kleine Würfel, setzt diese mit 1 Kochl. Butter in der Pfanne an und brät sie unter öfterem Umrühren 2—3 Minuten, streut dann 1 Teel. Zucker darüber und läßt sie hiermit unter Rühren noch 1 Minute braten, bis sie glänzend aussehen; man verwendet sie als Suppeneinlage.

Zutat.: 2 Rundstücke, 2 Kochl. Butter, 4 Teel. Zucker.

SALATE

Weißer Bohnensalat für 6 Personen. *Zutaten: 250 Gr. halbreife weiße Bohnen, 1 Ltr. kochend. Wasser, eine 500-Gr.-Dose Pimentos, 1 Bleichsellerie, 12 frische Radieschen, 2 Eidotter, ¼ Ltr. Öl.* Die halbreifen, weißen Bohnen werden gewaschen, mit 1 Ltr. kochendem Wasser angesetzt und zugedeckt 1 Stunde gekocht. Den Inhalt einer 500-Gr.-Dose Pimentos schneidet man in recht feine Streifen. Von einem Bleichsellerie entfernt man die Blätter, schält die Knolle, wäscht und schneidet sie mit den Blattrippen in lange, feine Streifen; 12 frische Radieschen werden ebenfalls in dünne Scheiben geschnitten. Diese Teile werden mit einer Mayonnaise gemischt, die man bereitet von 2 Eidottern und ¼ Ltr. Öl. Beim Anrichten legt man um den Salat Rapunzel oder Brunnenkresse. Man kann auch in feine Streifen geschnittenen Kopfsalat nehmen.

Wachsbohnensalat für 3—4 Personen. Den Inhalt einer 500-Gr.-Dose Wachsbohnen gießt man auf ein Sieb zum Abtropfen. 3 Eßl. Öl verrührt man mit ½ Teel. Salz, ½ Teel. Senf, ½ Teel. Pfeffer und 2 Eßl. Essig und läßt die Wachsbohnen in dieser Tunke 10 Minuten stehen. Auch kann man 1 Messerspitze roh geriebene Zwiebel dazugeben.

Wachsbohnensalat mit Tomaten für 6 Personen. *Zutaten: 2½ Kilo Wachsbohnen, 125 Gr. Tomaten, ¼ Ltr. Öl, ½ Teel. Pfeffer, 1 Eßl. Salz, 3 Eßl. Essig.* Die Bohnen werden abgezogen, einmal durchgebrochen, gewaschen, mit 1½ Ltr. kochendem Wasser angesetzt, im geschlossenen Topf 1 Stunde gekocht. Die Tomaten legt man in eine Schüssel, gießt reichlich kochendes Wasser darauf, zieht die Haut ab, und sobald sie erkaltet sind, schneidet man sie in Scheiben. Die weichgekochten Wachsbohnen gießt man zum Abtropfen auf ein Sieb; nachdem sie erkaltet, werden sie mit dem Öl, Salz, Pfeffer und Essig gemischt. Die Bohnen läßt man in dieser Tunke 10 Minuten. Dann wird die Tunke über die Tomatenscheiben gegossen. Nun richtet man die Bohnen recht hoch in der Glasschüssel an und legt die Tomatenscheiben herum.

Weißkohlsalat für 6 Personen. *Zutaten: 500 Gr. Weißkohl, 3 Eidotter, 1 Eßl. Butter, 1 Teel. Salz, ½ Teel. Pfeffer, 1 Teel. Zucker, 3-4 Eßl. Essig.* Die äußeren losen Blätter und den Strunk entfernt man vom Kohlkopf und schneidet den Kohl in recht feine Streifen. Harte Kohlstücke läßt man zurück. Den geschnittenen Kohl übergießt man mit 1 Ltr. kochendem Wasser, dann läßt man ihn auf dem Durchschlag vollständig abtropfen. 3 Eidotter schlägt man in einer Schüssel 10 Minuten, gibt 1 Eßl. Butter, ½ Teel. Pfeffer, 1 Teel. Zucker, 1 gehäuften Teel. Salz und 3—4 Eßl. Essig dazu. Darauf stellt man die Tunke 10 Minuten in einen Topf mit kochendem Wasser. Inzwischen muß die Tunke so lange gerührt werden, bis sie anfängt zu dicken. Dann gießt man die Tunke über den gut abgetropften Kohl und läßt das Ganze abkühlen.

Blumenkohlsalat für 4 Personen. 1 Kopf Blumenkohl setzt man bedeckt mit kochendem Wasser an und kocht ihn im geschlossenen Topf 30 Minuten. Durch starkes Kochen verliert der Kohl den Geschmack. Wenn der Kohl erkaltet ist, wird er ebenso wie die Wachsbohnen mit Essig und Öl vollendet.

Erbsensalat. Den Inhalt einer 250-Gr.-Dose Erbsen gießt man auf ein Sieb. Dann kann man die Öltunke von Wachsbohnen oder von Blumenkohl über die Erbsen gießen.

Salat von Bleichsellerie mit Äpfeln für 10 Personen. Hierzu nimmt man 2 Bleichsellerie, die äußeren harten Rippen sowie die Blätter schneidet man ab. Dann schält man die Knolle, schneidet sie sowie die zarten, gelben Rippen in feine Streifen; 250 Gr. weiche, beste amerikanische Äpfel werden geschält, in feine Streifen geschnitten und mit dem Sellerie gemischt. Man rührt eine Mayonnaise von 3 Eidottern und ¼ Ltr. Öl. Man läßt sie ohne Salz und Essig, mischt den Sellerie und die Äpfel mit der Mayonnaise, stellt den Salat 2 Stunden vor dem Gebrauch auf Eis, dann erst gibt man nach Geschmack 1 gehäuften Teel. Salz und 2 Eßl. Essig dazu. Der Salat wird sogleich angerichtet. Als Kranz darum legt man feingeschnittenen Kopfsalat oder Rapunzel oder Kresse. Fügt man von vornherein Essig und Salz dazu, wird der Salat gärig.

Zutaten: 2 Bleichsellerie, 250 Gr. weiche, beste amerikan. Äpfel, 3 Eidotter, ¼ Ltr. Öl, 1 gehäufter Teel. Salz, 2 Eßl. Essig.

Salat von Bleichsellerie mit Trüffeln für 10 Personen. Man gibt den Salat beim feineren Mittagessen zu jedem Geflügelbraten. Für 10 Personen nimmt man 2 Bleichsellerie. Die äußeren, grünen Rippen werden entfernt, die Blätter schneidet man ab, dann schält man die Knolle und schneidet sie sowie die zarten, gelben Rippen in recht feine Streifen. 125 Gr. frische Trüffeln werden gebürstet und, wenn sie vollständig vom Sand befreit sind, 2–3mal mit kaltem Wasser gewaschen, dann setzt man sie mit ½ Ltr. Rotwein in einem kleinen Topfe an, dämpft sie zugedeckt recht langsam 10 Minuten und läßt sie in der Brühe erkalten. Hiernach schält man die Trüffeln, schneidet sie ebenfalls in recht feine Streifen, gießt sie mit dem Saft an den geschnittenen Sellerie. ⅛ Ltr. Öl verrührt man mit 1 gehäuften Teel. Salz und 1 Teel. Pfeffer, gießt dieses über den Sellerie mischt, das Ganze gut, dann gießt man nach Geschmack 2–3 Eßl. Essig dazu; man läßt den Salat 10 Minuten ziehen, dann wird er sogleich angerichtet. Man richtet ihn in einer Glasschüssel recht hoch an und legt als Kranz darum in Würfel geschnittene Artischockenböden, die man vorher mit 2 Eßl. Essig, 2 Eßl. Öl, ½ Teel. Salz angefeuchtet hat. Hierzu eignen sich am besten frische Artischocken. Man nimmt 5 Artischocken oder den Inhalt einer 500-Gr.-Dose Artischockenböden. Die frischen Artischocken werden reichlich bedeckt mit kochendem Wasser angesetzt und im geschlossenen Topf 1 Stunde gekocht. Nachdem sie erkaltet, trennt man die Blätter vorsichtig

Zutaten: 2 Bleichsellerie, 125 Gr. frische Trüffeln, ½ Ltr. Rotwein, ⅛ Ltr. Öl, 1 gehäufter Teel. Salz, 1 Teel. Pfeffer, 2–3 Eßl. Essig, Artischockenböden, 2 Eßl. Essig, 2 Eßl. Öl, ½ Teel. Salz.

von den Böden. Die Staubfäden entfernt man. Die Böden schneidet man mit einem silbernen Messer in Würfel. Wenn man ein Stahlmesser hierzu verwendet, werden die Artischocken schwarz. Das Innere der Artischockenblätter kann man mit einem silbernen Löffel ausschaben, durch ein Sieb streichen und beim Anrichten unter den Selleriesalat in die Glasschüssel legen.

Selleriesalat mit Tomaten für 4—6 Personen. 4 geschälte Knollen Sellerie werden gewaschen, mit 2 Ltr. kochendem Wasser, ohne Salz, angesetzt und im geschlossenen Topf 30—40 Minuten, je nach der Größe, gekocht. Kurz vor dem Weichwerden gibt man 1 Eßl. Salz an das Wasser. Wenn der Sellerie mit dem Salz lange kocht, geht seine weiße Farbe verloren. Nachdem er vollständig erkaltet, zerschneidet man ihn in große Scheiben. 6 Eßl. Öl verrührt man mit 1 Messerspitze deutschem Senf, 1 Teel. Zucker, ½ Teel. Pfeffer (nur wenn nötig mit etwas Salz), 2—3 Eßl. Essig gibt man nach Geschmack dazu; dann füllt man diese Tunke über die breit ausgelegten Selleriescheiben, läßt sie hiermit 20 Minuten stehen, dann ordnet man sie in einer Glasschüssel. 2—3 feste Tomaten legt man in eine Schüssel, gießt ½ Ltr. kochendes Wasser darüber und zieht sogleich die Haut ab. Wenn sie vollständig erkaltet sind, schneidet man sie in Scheiben und legt sie noch 5 Minuten in die übrige Sellerietunke; dann legt man sie als Kranz um den Salat und garniert noch mit etwas Kresse.

Zutaten: 4 geschälte Knollen Sellerie, 2 Ltr. kochendes Wasser, 1 Eßl. Salz, 6 Eßl. Öl, 1 Messerspitze deutsch. Senf, 1 Teel. Zucker, ½ Teel. Pfeffer, 2 bis 3 Eßl. Essig, 2 bis 3 feste Tomaten, ½ Ltr. kochendes Wasser.

Tomatensalat. 3 feste Tomaten legt man in eine Schüssel und gießt reichlich kochendes Wasser auf die Tomaten. Dann zieht man die Haut ab und, wenn erkaltet, schneidet man die Tomaten in Scheiben. Dann die Öltunke übergießen. (Siehe Wachsbohnen.)

Ei- und Tomatensalat für 6 Personen. Die Tomaten legt man in kochendes Wasser, zieht sogleich die Haut ab; dann läßt man sie 30 Minuten erkalten, schneidet sie in Scheiben, ebenso die Eier. Nun mischt man 1 Teel. Senf mit ½ Teel. Salz und Schnittlauch, ½ Teel. Zucker und ⅛ Ltr. Öl, gießt dann ⅛ Ltr. Essig dazu und mischt den Kopfsalat, die Tomaten und Eischeiben mit dieser Tunke und den Kräutern. Man füllt den Salat in eine Glasschüssel.

Zutaten: 2—3 Köpfe Salat, 2 hartgekochte Eier, 250 Gr. feste Tomaten, 1 Teel Kräuter, ⅛ Ltr. Öl, 1 Teel. Senf, ½ Teel. Salz, ½ Teel. Zucker, ⅛ Ltr. Essig.

Salat von Rotebeet und Bleichsellerie für 4 Personen. Die Rotebeet schneidet man in feine Streifen, ebenso den Sellerie. 1 Teel. Senf verrührt man mit 1 gehäuften Teel. Salz, ⅛ Ltr. Öl, 1 Messerspitze Pfeffer gibt man dazu. Die geschnittenen Zutaten mischt man in dieser Tunke, läßt den Salat 5 Minuten stehen, dann erst gibt man 2—3 Eßl. guten Essig dazu, richtet den Salat recht hoch in der Glasschüssel an und gibt als Kranz Kresse oder Rapunzel herum.

Zutaten: 1 Bleichsellerie, 2 Eßl. abgekochte Rotebeet, 1 Teel. Senf, 1 gehäuften Teel. Salz, ⅛ Ltr. Öl, 1 Messerspitze Pfeffer, 2—3 Eßl. Essig.

Karottensalat für 2 Personen. ½ Kilo geschälte Karotten setzt man mit 1 Ltr. kochendem Wasser an und kocht sie im geschlossenen Topf 1 Stunde. Nach dieser Kochzeit legt man den Deckel beiseite und läßt das Wasser vollständig einkochen. Wenn die Karotten erkaltet sind, bereitet man sie ebenso wie die Wachsbohnen.

Zutaten: 1 Ltr. koch. Wasser, 500 Gr. Karotten, die übrigen Zutaten wie bei Wachsbohnensalat.

Salat von verschiedenen Gemüsen für 6 Personen. Sämtliche Gemüse setzt man vorher, jedes für sich, mit kochendem Wasser an, kocht sie 30 Minuten, wenn man keine Konserven dazu verwendet. Nun gießt man die Gemüse, nachdem sie weichgekocht sind, auf ein Sieb zum Abtropfen, schüttet jedes Gemüse auf einen tiefen Teller, mischt jedes Gemüse mit 2 Eßl. Öl und 1 Eßl. Essig, Pfeffer und Salz und läßt diese marinierten Zutaten 10—20 Minuten ziehen. Beim Anrichten legt man die Wachsbohnen zu unterst in die Glasschüssel, dann legt man obenauf in die Mitte den nicht zerkochten Blumenkohl, gießt darüber eine Mayonnaise, gerührt von 2 Eidottern und ⅛ Ltr. Öl. Die Erbsen richtet man als Kranz um den Blumenkohl an und die Karotten legt man häufchenweise darauf. Statt der Karotten kann man 2—3 Tomaten verwenden.

Zutaten: 1 Kilo Karotten, eine 250-Gr.-Dose Wachsbohnen, 1 kleiner Blumenkohl, eine 500-Gr.-Dose Erbsen, 2 Eßl. Öl, 1 Eßl. Essig.

Gemüsesalat für 6 Personen. Den Inhalt einer 500-Gr.-Dose Erbsen schüttet man auf ein Sieb zum Abtropfen, ebensoviel Karotten, Spargel und Wachsbohnen. Ein kleiner Blumenkohl wird reichlich bedeckt mit kochendem Wasser angesetzt und 30 Minuten langsam gekocht, hiernach zum Erkalten beiseitegestellt. Sämtliche Zutaten, jede für sich, übergießt man nach dem Abtropfen mit 1 Eßl. Essig und 1 Teel. Salz. Mit der Tunke läßt man die Gemüse 5 Minuten stehen. Mayonnaise von 3 Eidottern und 6 Eßl. Öl rührt man. Die Hälfte von der Mayonnaise läßt man zurück und tut die Hälfte des Gemüses in diese Mayonnaise. Wenn alles gut gemischt ist, füllt man den Salat in eine Glasschüssel, den Blumenkohl legt man obenauf in die Mitte, und von dem übrigen Gemüse legt man Häufchen ringsherum und gießt die zweite Hälfte der Mayonnaise über den Blumenkohl.

Zutaten: 500 Gr. Erbsen, 500 Gr. Karotten, 500 Gr. Spargel, 500 Gr. Wachsbohnen, 1 klein. Kopf Blumenkohl, 5 Eßl. Essig, 5 Teel. Salz, 3 Eidotter, 6 Eßl. Öl.

Kopfsalat für 2—3 Personen. Von 3 Köpfen Kopfsalat schneidet man die Wurzelstücke ab, entfernt die welken, schlechten Blätter und läßt den Salat 10 Minuten in reichlichem kalten Wasser liegen. 3 Eßl. Öl verrührt man mit ½ Teel. Senf, 1 Teel. Salz, 1 Teel feingeschnittenen Schnittlauch und 1—2 Eßl. Essig. 1 Ei kocht man 10 Minuten, gießt das Wasser ab, läßt das Ei in kaltem Wasser auskühlen und hackt es. Den gut abgetropften Salat mischt man mit der Tunke und streut beim Anrichten das gehackte Ei zwischen den Salat. Die Rippen dürfen bei dem Salat nicht entfernt werden.

Zutaten: 3 Köpfe Kopfsalat, 3 Eßl. Öl, ½ Teel. Senf, 1 Teel. Salz, 1 Teel. Schnittlauch, 1 bis 2 Eßl. Essig, 1 Ei.

Kopfsalat mit Sahne für 3 Personen. 2 Salatköpfe, je nach Größe. Man entfernt die äußeren harten Blätter, trennt die einzelnen Blätter, die Rippen entfernt man nicht. Dann legt man den Salat 30 Minuten in reichlich kaltes Wasser, danach auf ein Sieb zum Abtropfen; er darf nicht ausgedrückt werden. Man schlägt $1/8$ Ltr. sauren Rahm oder Schlagrahm mit 1 Eßl. Zucker in einer Schüssel 5 Minuten. Dann tut man nach Geschmack 1—2 Eßl. Essig oder Zitronensaft dazu. Nun mischt man den Salat mit dieser Tunke und richtet ihn gleich an.

Zutaten: 2 Köpfe Salat, $1/8$ Ltr. saurer Rahm oder Schlagrahm, 1 Eßl. Zucker, 1—2 Eßl. Essig od. Zitronensaft.

Salat von Spargel, Erbsen und Tomaten für 6 Personen. Den Spargel und die Erbsen schüttet man zum Abtropfen auf ein Sieb. Die Tomaten brüht man mit reichlichem kochenden Wasser, dann zieht man die Haut ab. Wenn dieselben erkaltet sind, schneidet man sie in Viertel, 1 Teel. Salz, 1 Messerspitze Pfeffer streut man über den Spargel. Nun gießt man 2 Eßl. Essig darüber und läßt den Spargel in dieser Tunke 10 Minuten ziehen; mit den Erbsen macht man es ebenso. Beim Anrichten legt man den Spargel recht hoch in die Mitte einer Glasschüssel; dann füllt man eine Mayonnaise, gerührt von 2 Eidottern und $1/8$ Ltr. Öl, über den Spargel. Die Erbsen füllt man als Kranz herum und legt die Tomatenviertel auf die grünen Erbsen.

Zutaten: 250 Gr. Spargelköpfe (Dose), eine 500-Gr.-Dose Erbsen, 2 feste Tomaten, 1 Teel. Salz, 2 Eidotter, $1/8$ Ltr. Öl, 2 Eßl. Essig, Pfeffer.

Romainsalat für 6 Personen. Die äußeren grünen, harten Blätter entfernt man, dann legt man den Salat 3 bis 4 Stunden vor dem Gebrauch auf Eis, damit er kroß wird, und schneidet ihn in fingerlange Stücke. Nun mischt man ihn mit 3 Eßl. Öl, 1 Teel. Salz, 1 Messerspitze Pfeffer, 1 Eßl. Essig und richtet ihn sogleich an.

Zutaten: 1 großer Kopf Romainsalat, 3 Eßl. Öl, 1 Eßl. Essig, 1 Teel. Salz, 1 Messerspitze Pfeffer.

Romainsalat auf andere Art. Die äußeren harten Blätter entfernt man, schneidet die Blätter einmal quer durch, wäscht den Salat in reichlichem Wasser und läßt ihn abtropfen. Der Salat darf nicht im Wasser liegenbleiben, sondern muß, wenn möglich, auf Eis gestellt werden. 2 Bund Radies werden gewaschen, und in Scheiben geschnitten, zwischen den Salat gestreut. 5 Eßl. Öl verrührt man mit 1 Teel. Salz, $1/2$ Teel. Pfeffer, 2 Eßl. Essig; 1 Messerspitze kleingeschnittenen Schnittlauch gibt man dazu, mischt den Salat in dieser Tunke und serviert ihn sogleich.

Krautsalat für 6 Personen. Rotkohl und Weißkohl schneidet man, jedes für sich, recht fein. $1/4$ Ltr. Öl verrührt man mit 1 Teel. Senf, 1 gehäuften Teel. Salz, $1/2$ Teel. Pfeffer und $1/8$ Ltr. Essig. In dieser Tunke läßt man den Salat 10 Minuten stehen. Dann richtet man den Weißkohlsalat recht hoch in einer Glasschüssel an, mischt den Rotkohl mit der zurückbleibenden Tunke, läßt ihn auch 10 Minuten stehen und legt ihn dann kranzartig um den Weißkohl.

Zutaten: 250 Gr. Rotkohl, 250 Gr. Weißkohl, $1/4$ Ltr. Öl, 1 Teel. Senf, $1/2$ Teel. Pfeffer, 1 gehäufter Teel. Salz, $1/8$ Ltr. Essig.

Endiviensalat für 4—6 Personen. Von einem großen Kopf Endiviensalat entfernt man die äußeren harten, grünen Blätter, schneidet den Strunk ab, legt den Salat 1 Stunde vor dem Gebrauch in reichlich kaltes Wasser und dann auf ein Sieb zum Abtropfen. 30 Radieschen schneidet man in Scheiben, mischt sie mit dem Salat und stellt den Salat noch $\frac{1}{2}$ Stunde auf Eis. $\frac{1}{2}$ Teel. Senf, $\frac{1}{4}$ Ltr. Öl, 1 Messerspitze Pfeffer, 1 Teel. Salz und $\frac{1}{8}$ Ltr. Essig rührt man zusammen, mischt mit dieser Tunke den Salat und richtet ihn sogleich an. 1 Messerspitze Schnittlauch kann man dazugeben.

Zutaten: 1 Kopf Endiviensalat, 30 Radieschen, $\frac{1}{2}$ Teel. Senf, $\frac{1}{4}$ Ltr. Öl, 1 Messerspitze Pfeffer, 1 Teel. Salz, $\frac{1}{8}$ Ltr. Essig.

Eskarolsalat mit Tomaten für 4 Personen. Die äußeren grünen Blätter entfernt man und schneidet die langen, gelben Blätter einmal durch; dann legt man den Salat 10 Minuten in reichliches eiskaltes Wasser, hiernach auf ein Sieb zum Abtropfen und stellt ihn recht kalt. 3 feste Tomaten legt man in eine Schüssel, gießt $\frac{1}{2}$ Ltr. kochendes Wasser darauf, dann zieht man rasch die Haut ab und stellt die Tomaten zum Kaltwerden beiseite. Man rührt eine Mayonnaise von 2 Eidottern mit dem Salz 10 Minuten, dann gibt man $\frac{1}{8}$ Ltr. Öl tropfenweise unter Rühren dazu und würzt die Mayonnaise mit 1 Eßl. Essig und 1 Messerspitze Schnittlauch. Man mischt den Salat in dieser Tunke, legt die in Scheiben geschnittenen Tomaten als Kranz herum und serviert den Salat sogleich.

Zutaten: 1 Kopf Eskarolsalat, 3 feste Tomaten, $\frac{1}{2}$ Ltr. kochendes Wasser, 2 Eidotter, $\frac{1}{8}$ Ltr. Öl, 1 Messerspitze Schnittlauch, 1 Eßl. Essig.

Feld- oder Rapunzelsalat für 3 Personen. Der Feldsalat wird vom Wurzelstück befreit und 1 Stunde vor dem Gebrauche in reichlich kaltes Wasser gelegt. Kurz vor dem Anrichten legt man ihn auf einen Durchschlag zum Abtropfen. 3 Tomaten werden in eine Schüssel gelegt, mit kochendem Wasser übergossen, herausgenommen, rasch von der Haut befreit und in Scheiben geschnitten. 1 Messerspitze Senf wird mit 2 Eßl. Öl, 1 Teel. feingeschnittenem Schnittlauch, 1 Teel. Salz und 1—2 Teel. Essig gut verrührt. Kurz vor Gebrauch übergießt man den Salat mit der Tunke, vermischt ihn gut mit derselben und häuft ihn dann schichtweise mit dem Ei und den Tomaten in eine Glasschüssel.

Zutaten: 125 Gr. Feldsalat, 3 Tomaten, 1 Ei, 1 Messerspitze Senf, 2 Eßl. Öl, 1 Teel. Salz, 1 Teel. feingeschnittener Schnittlauch, 1—2 Teel. Essig.

Warmer Gurkensalat für 4 Personen. Die Gurke wird geschält und in recht dünne Scheiben geschnitten, danach mit sämtlichen Zutaten gemischt und zugedeckt 5 Minuten beiseitegestellt. Der Speck wird in kleine Würfel geschnitten, ausgebraten und über den Salat gegossen. Nachdem das Ganze gut verrührt, wird der Salat angerichtet.

Zutaten: 1 lange Gurke, 65 Gr. geräucherter Speck, $\frac{1}{2}$ Teel. Pfeffer, 1 Teel. Salz, 1 Teel. Zucker, 1 Teel. gehackte Petersilie, 1 Teel. gehackter Dill, 1—2 Eßl. Essig.

Gurkensalat mit Rahm für 6 Personen. 2 recht frische Gurken, $\frac{1}{8}$ Ltr. saurer, dicker Rahm, 1 Teel. Zucker, $\frac{1}{2}$ Teel. Salz, 1 Eßl. Essig oder Zitronensäure. Die Gurken werden geschält, in dünne Scheiben geschnitten. Der

Rahm wird in einer größeren Schüssel 5 Minuten geschlagen oder gerührt, sämtliche Zutaten werden nach dieser Zeit dazugegeben. Danach mischt man die Gurkenscheiben in dieser Tunke und richtet den Salat sogleich an.

Salat Latouc oder Brunnenkresse für 6 Personen.
Zutaten: 250 Gr. Kresse, 2 hartgekochte Eier, 125 Gr. Radies, 2 Tomaten, 1/8 Ltr. Öl, 1 Teel. Salz, 1/2 Teel. Pfeffer, 2 Eßl. Essig, 1/2 Teel. Schnittlauch. Die Kresse wird verlesen, gewaschen und auf ein Sieb zum Abtrocknen gelegt. 125 Gr. Radieschen werden gewaschen und in Scheiben geschnitten. 2 feste Tomaten werden abgezogen und in Scheiben geschnitten. Diese Zutaten werden im Sieb 1/2 Stunde vor dem Gebrauch auf Eis gestellt. 1/8 Ltr. Öl, 1/2 Teel. Pfeffer, 1 Teel. Salz und 1/2 Teel. feingehackten Schnittlauch mischt man und wendet den Salat in dieser Öltunke, gibt dann nach Geschmack 2—3 Eßl. Essig dazu. Hiernach wird der Salat angerichtet und schichtweise mit den Eischeiben in die Glasschüssel gefüllt.

Gurken- und Tomatensalat für 4 Personen.
Zutaten: 1 Gurke, 2 Eßl. Essig, 1/2 Teel. Pfeffer, 1 Teel. Salz, 1/8 Ltr. Öl, 1/2 Teel. Zucker, 250 Gr. feste Tomaten, 1 gehäufter Teel. feingehackte Petersilie. Die geschälte Gurke wird in dünne Scheiben geschnitten, 1/8 Ltr. Öl verrührt man mit 1/2 Teel. Zucker, 1/2 Teel. Pfeffer, 1 Teel. Salz, 2 Eßl. Essig, 1 gehäuften Teel. feingehackter Petersilie. Hierin läßt man die Gurkenscheiben 5 Minuten liegen; dann nimmt man die Scheiben heraus und richtet sie in einer Glasschüssel recht hoch an. 250 Gr. feste Tomaten werden abgezogen, in Scheiben geschnitten, auf eine Platte gelegt und die vorherige Gurkentunke darübergegossen. Hierin läßt man die Tomaten 5 Minuten liegen, garniert sie dann kranzartig um die Gurke. Die Tomaten müssen mit kochendem Wasser übergossen werden, damit sich die Haut löst. Die Tomaten dürfen nicht zu lange in dem heißen Wasser liegen; wenn vollständig erkaltet, werden sie in Scheiben geschnitten.

Gurkensalat für 18 Personen.
Zutaten: 4 Gurken, 1/4 Ltr. Öl, 1/2 Teel. Zucker, 1 Teel. Salz, 1 Teel. Petersilie, 1/2 Teel. Pfeffer, 1/8 Ltr. Essig, 2 Köpfe Salat. 4 frische Gurken werden geschält und in dünne Scheiben geschnitten. 1/4 Ltr. Öl, 1/2 Teel. Zucker, 1 Teel. Salz, 1 Teel. feingehackte Petersilie, 1/2 Teel. Pfeffer mischt man mit den geschnittenen Gurken, gießt 1/8 Ltr. Essig über das Ganze und läßt den Salat hiermit 5 Minuten stehen. Hiernach wird der Salat in einer Glasschüssel angerichtet und Kopfsalat als Kranz herumgelegt.

Rahm-Salat für 6 Personen.
Zutaten: 1 Kopf Eskarol, 1 Rotebeet. 1/4 Ltr. Schlagrahm, 500 Gr. Bürgermeisterbirnen, 1 Eßl. Zucker, 1 Teel. Salz, 3 Eßl. Essig. Man legt den Eskarol eine Stunde vor Gebrauch in reichliches Eiswasser. Die äußeren harten grünen Blätter läßt man zurück. Die gelben Blätter werden einmal durchgeschnitten und auf ein Sieb gelegt zum Abtropfen. Die Rotebeet wird gewaschen, am Tage vor dem Gebrauch im Bratofen 1—2 Stunden geröstet, dann dünn abgeschält, in recht feine Scheiben geschnitten und mit 3 Eßl. Essig übergossen. Am nächsten Tage schneidet man

die Rotebeetscheiben in feine Streifen. Birnen schälen, in recht dünne große Scheiben schneiden. Der Rahm wird mit 1 Eßl. Zucker 5 Minuten schaumig gerührt, dann gibt man den Rotebeetsaft und 1 Teel. Salz dazu. In dieser Tunke mischt man mit leichter Hand den Eskarolsalat und füllt ihn schichtweise mit den Birnen und den Rotebeetstreifen in die Glasschüssel. Der Salat darf beim Einfüllen nicht gedrückt werden.

Apfelsinensalat für 10 Personen. 8 Apfelsinen schält man recht dick, damit man gleich die innere weiße Haut mit abschneidet, dann trennt man die Apfelsinen auseinander, nimmt mit einem scharfen Messer die Kernstücke fort und zieht die Haut ab. Hierbei dürfen die Apfelsinenscheiben nicht zerfallen. Sind alle vorbereitet, so streut man 65 Gr. Zucker über die Apfelsinenscheiben. Man hält den Apfelsinensalat 2 Stunden vor Gebrauch fertig. Man kann auch 4 abgezogene, in Scheiben geschnittene Bananen und 4 in Würfel geschnittene Äpfel und einige Weintrauben dazwischengeben. Für Kranke geeignet.

Zutaten: 8 Apfelsinen, 65 Gr. Zucker, 4 Bananen, 4 Äpfel, einige Weintrauben.

Fruchtsalat für 12 Personen. (Für Kranke geeignet.) 1/2 Ananas schält man und schneidet das Fruchtfleisch in Würfel. 4 Apfelsinen werden geschält, von der weißen Haut befreit und in Scheiben zerteilt. 6 weiche Äpfel werden gleichfalls geschält und in Würfel geschnitten, sodann wird das Ganze gemischt, mit 2 Kochl. Zucker überstreut und zugedeckt 2 Stunden auf Eis gestellt. Will man den Salat reicher machen, so können 500 Gr. blaue Trauben und 4—6 Pfirsiche hinzugefügt werden. Die Pfirsiche werden vorher abgebrüht und von der Haut befreit. 3 Eßl. Maraschino gießt man zum Schluß über das Ganze.

Zutaten: 1/2 Ananas, 4 Apfelsinen, 6 weiche Äpfel, 2 Kochl. Zucker, 500 Gr. große, blaue Weintrauben, 4—6 Pfirsiche, 3 Eßl. Maraschino.

Fruchtsalat für 4 Personen. (Als Beigabe zum Braten.) Die Apfelsine befreit man nach dem Schälen von der weißen Haut und den Kernen, schneidet das Fruchtfleisch in Würfel. Den Sellerie, die Bananen und die Äpfel schält man und schneidet sie gleichfalls in Würfel. Die Nüsse werden fein gehackt. Die Trauben werden mit reichlich kochendem Wasser übergossen, und mit einem spitzen Messer wird die Haut schnell abgezogen. 2 Eßl. Öl, 1 Teel. Zucker und 1 Eßl. Essig werden gemischt und über den angerichteten Salat gegossen. Statt dieser Öltunke kann man auch Mayonnaise verwenden. Die Schüssel wird mit Salatblättern garniert.

Zutaten: 1 Apfelsine, 1 Bleichsellerie, 65 Gr. ausgemachte Nüsse, 2 Bananen, 1 weicher Apfel, 125 Gr. grüne Trauben, 2 Eßl. Öl, 1 Teel. Zucker, 1 Eßl. Essig.

Ochsenmaulsalat. Das weichgekochte Fleisch vom Rinderkopf muß vollständig erkalten. Danach wird es in recht feine Streifen geschnitten, mit Öl, Essig, Pfeffer, etwas Senf, roh geriebener Zwiebel gemischt. Hat man Kartoffelreste, so können diese, in Streifen geschnitten, mit verwendet werden.

Zutaten: Öl, Essig, Pfeffer, Zwiebel, Senf.

Zutaten: 125 Gr. Geflügelfleischreste, 1 Eßl. abgekochte Rotebeet, 1 Bleichsellerie, 1 amerikanisch. Apfel, 2 Eidotter, 1/8 Ltr. Öl, 1 Eßl. Essig, 1 Teel. Salz.

Geflügelsalat für 4 Personen. Man nimmt 125 Gr. Geflügelfleischreste. Das Fleisch wird in feine Streifen geschnitten, ebenso 1 Eßl. abgekochte Rotebeet. Von 1 Bleich-Sellerie entfernt man nun die äußeren, schlechten Rippen, schält die Knolle, schneidet sie und die zarten Rippen in feine Streifen. 1 weichen amerikanischen Apfel schneidet man in Streifen und mischt das Ganze mit einer Mayonnaise von 2 Eidottern, 1/8 Liter Öl, Essig, Salz. Man garniert den Salat mit Kresse und verwendet ihn zum Frühstück oder als Vorgericht.

Zutaten: 125 Gr. Ochsenzunge, 250 Gr. Erbsen, 250 Gr. Wachsbohnen, 4 gehäufte Teel. Meerrettich, 65 Gr. getrocknete Morcheln, 1 Teel. Zucker, 1/2 Teel. Salz, 1 Messerspitze Pfeffer, 1/8 Ltr. Öl, 2 Eßl. Essig.

Salat von Ochsenzunge mit Gemüsen und Meerrettich für 6 Personen. Den Inhalt einer 250-Gr.-Dose Wachsbohnen schüttet man auf ein Sieb zum Abtropfen, ebenso den Inhalt einer 250-Gr.-Dose Erbsen. 125 Gr. gekochte Ochsenzunge schneidet man in feine Streifen, ebenso Wachsbohnen. 65 Gr. getrocknete Morcheln legt man in eine Schüssel, gießt reichlich kochendes Wasser darauf. Hiermit läßt man die Morcheln 10 Minuten stehen, dann wird das Wasser fortgegossen und wieder kochendes Wasser auf die Morcheln gegossen. Man wiederholt dieses viermal. Die Morcheln dürfen nicht gekocht werden, da sie vom Kochen hart werden. Das Erdstück wird vorher abgeschnitten. Man schneidet die Morcheln in Streifen. 4 gehäufte Teel. Meerrettich, 1 Teel. Zucker, 1/2 Teel. Salz und 1 Messerspitze Pfeffer verrührt man mit 1/8 Ltr. Öl, mischt die geschnittenen Zutaten in diese Tunke und gibt nach Geschmack 2 Eßl. Essig dazu. Man garniert den Salat mit Kresse oder Endivien und hält ihn 3 Stunden vor dem Gebrauch fertig.

Zutaten: 3 Heringe, 250 Gr. Kalbsbraten, 3 geschälte Salzgurken, 250 Gr. weiche Äpfel, 65 Gr. abgekocht. Rotebeet, 4 Eier, 1 gehäufter Teel. Senf, 1/4 Ltr. Öl, 1 Teel. roh geriebene Zwiebel, 1 gehäuft. Teel. Zucker, 2 Eßl. Essig, Petersilie.

Heringssalat für 10 Personen. 3 Heringe läßt man 2 Stunden vor dem Gebrauch in reichlich kaltem Wasser liegen, zieht dann die Haut ab, trennt das Fleisch von den Gräten und schneidet es in Würfel. 250 Gr. Kalbsbraten, 3 geschälte Salzgurken, 250 Gr. weiche Äpfel werden ebenfalls in Würfel geschnitten, ebenso 65 Gr. abgekochte Rotebeet. 4 Eier werden mit kochendem Wasser angesetzt, in 10 Minuten hartgekocht. Das Gelbe wird gehackt, das Weiße in Würfel geschnitten. Die gehackten Eidotter läßt man zurück, das Weiße mischt man mit dem Übrigen. 1 gehäuften Teel. Senf verrührt man mit 1/4 Ltr. Öl und tut 1 Teel. roh geriebene Zwiebel, 1 gehäuften Teel. Zucker und 2 Eßl. Essig dazu. Nun mischt man die in Würfel geschnittenen Zutaten hierin und läßt den Salat 2—3 Stunden vor dem Gebrauch stehen. Auch kann man den Essig der Rotebeet dazugeben. Das Ganze garniert man mit Eigelb, feingehackter Rotebeet und feingehackter Petersilie. Kalbsbraten kann fehlen.

Fleischsalat von gekochtem Schinken, garniert mit Aspikeiern, für 6 Personen. 250 Gr. gekochten Schinken oder geräucherte, gekochte Zunge schneidet man in dünne Streifen, ebenso 250 Gr. weiche säuerliche Äpfel. 250 Gr. frische Champignons werden geputzt, gedämpft und in Streifen geschnitten. Diese Zutaten werden gemischt mit einer Mayonnaise, gerührt von 2 Eidottern und ¼ Ltr. Öl. Man kann auch 1 Teel. feingehackte Kräuter dazugeben, zusammengestellt aus Kerbel, Estragon und sehr wenig Schnittlauch. Statt Schinken kann man auch andere Fleischreste verwenden. Den Salat richtet man recht hoch in einer Glasschüssel an. Dann legt man abwechselnd Rotebeet und Kartoffelscheiben an den Rand. Obenauf legt man Aspikeier (siehe Frühstücksgerichte). Man verwendet dieses Gericht beim Frühstück oder Abendbrot.

Zutaten: 250 Gr. gekochter Schinken, 250 Gr. weiche säuerliche Äpfel, 250 Gr. frische Champignons, 2 Eidotter, ¼ Ltr. Öl, 1 Teel. feingehackte Kräuter.

Fischsalat für 12 Personen. 2 Kilo Fisch werden gewaschen, mit 1 Ltr. lauwarmem Wasser und 65 Gr. Salz angesetzt, fest zugedeckt ins Kochen gebracht, dann 1 Stunde beiseitegestellt. In diesem Wasser läßt man den Fisch auch erkalten, hiernach befreit man denselben von Haut und Gräten. Das Fischfleisch muß blätterig sein und darf nicht zerfallen. Nun gießt man ¼ Ltr. Essig und streut 1 Teel. Pfeffer über den Fisch und läßt ihn 20 Minuten stehen. Dann richtet man ihn in einer Glasschüssel recht hoch an und füllt eine Mayonnaise über den Fisch, die man aus 5 Eidottern und ⅜ Ltr. Öl bereitet und mit 1—2 Eßl. scharfem Essig abschmeckt. Ist die Mayonnaise zu dick, so gibt man 2 Eßl. Essig dazu. Den Salat garniert man mit Kopfsalat und Tomaten. Man verwendet Kabeljau oder Schellfisch hierzu.

Zutaten: 2 Kilo Kabeljau oder Schellfisch, 1 Ltr. lauwarm. Wasser, 65 Gr. Salz, ¼ Ltr. Essig, 1 Teel. Pfeffer, 5 Eidotter, ⅜ Ltr. Öl, 1-2 Eßl. scharfer Essig.

Einfacher Kartoffelsalat für 4 Personen. Die Moor- oder Sandkartoffeln werden mit der Schale 30 Minuten gekocht, dann abgegossen. Die Haut wird abgezogen, solange die Kartoffeln noch heiß sind, dann werden sie in Scheiben geschnitten. ⅛ Ltr. Öl wird mit 3 Eßl. Essig, 1 gehäuften Teel. Salz, ½ Teel. Pfeffer, einer kleinen, roh geriebenen Zwiebel und 2 Teel. feingehackter Petersilie gemischt. Die in Scheiben geschnittenen Kartoffeln werden in dieser Tunke 3 Minuten gut geschüttelt, dann mit ⅛ Ltr. kochender Fleischbrühe oder kochendem Wasser übergossen. Vorsichtig umgerührt wird der Salat angerichtet.

Zutaten: 1 Kilo Moor- oder Sandkartoffeln, ⅛ Ltr. Öl, 3 Eßl. Essig, 1 gehäufter Teel. Salz, ½ Teel. Pfeffer, 1 Zwiebel, 2 Teel. Petersilie, ⅛ Ltr. kochendes Wasser oder Fleischbrühe.

Kartoffelsalat feinerer Art für 4 Personen. Am besten sind Eierkartoffeln zu verwenden. Sie werden gewaschen, mit kaltem Wasser bedeckt angesetzt und zugedeckt 30 Minuten gekocht. Das Wasser wird abgegossen, die Haut abgezogen und die Kartoffeln werden in dünne Scheiben geschnitten. 2 Eidotter werden 10 Minuten in einer Schüssel mit 1 Teel. Salz gerührt, tropfen-

Zutaten: 500 Gr. Kartoffeln, 2 Eidotter, 1 Teel. Salz, ⅛ Ltr. Öl, 2 Teel. Essig, 2 Teel. feingehackte Petersilie, 2—3 Eßl. sauren Rahm, 1 Eßl. Butter.

weise unter Rühren gibt man ⅛ Ltr. Öl dazu, danach 2 Teel. Essig und 2 Teel. feingehackte Petersilie, 2—3 Eßl. sauren Rahm. 1 gehäuften Eßl. Butter, in Stücke geschnitten, gibt man dazu. Zugedeckt stellt man den Salat 30 Minuten vor dem Gebrauch in warmes Wasser. Die Butter muß in dieser Zeit schmelzen. Der Salat darf nicht warm, nicht kalt serviert werden.

Zutaten: 2 Kilo Eierkartoffeln, 3 Eidotter, ¼ Ltr. Öl, 1 Eßl. feingehackte Petersilie, ⅛ Ltr. Schlag- oder saurer Rahm, 2 Eßl. Essig, 1—2 Teel. Salz, etwas Pfeffer.

Kartoffelsalat für 6 Personen. 2 Kilo Eierkartoffeln werden gewaschen, reichlich mit kaltem Wasser bedeckt angesetzt und in 30 Minuten weich gekocht. Alsdann gießt man das Wasser ab, zieht die Haut ab und schneidet die Kartoffeln in Scheiben. Aus 3 Eidottern, ¼ Ltr. Öl, 1 Eßl. feingehackter Petersilie und ⅛ Ltr. Schlag- oder saurem Rahm rührt man eine Mayonnaise und gibt nach Geschmack 2 Eßl. Essig dazu. Statt Rahm kann man auch Fleischbrühe oder Wasser nehmen. Mit diesen Zutaten mischt man die Kartoffeln, gibt, wenn nötig, 1—2 Teel. Salz und etwas Pfeffer dazu.

Zutaten: 1 Kilo Kartoffeln, 65 Gr. in Würfel geschnittener Speck, 1 gehäufter Eßl. Weizenmehl, ½ Ltr. koch. Wasser, 2 Eßl. Essig, 1 Teel. Salz, ½ Teel. Pfeffer, 1 geriebene rohe Zwiebel.

Warmer Kartoffelsalat für 4 Personen. Die Kartoffeln werden mit der Schale in 30 Minuten weichgekocht und dann abgezogen. 65 Gr. in Würfel geschnittenen Speck brät man langsam aus; wenn er anfängt, hellbraun zu werden, gibt man 1 gehäuften Eßl. Weizenmehl dazu, schwitzt beides 3 Minuten unter Rühren, gibt dann ½ Ltr. kochendes Wasser, 2 Eßl. Essig, 1 Teel. Salz, ½ Teel. Pfeffer und 1 geriebene Zwiebel dazu, dann läßt man die Kartoffelscheiben hierin 3—5 Minuten kochen. Beim Anrichten gibt man das in Würfel geschnittene Fleisch von 1 Hering dazu. Man gibt die Kartoffeln zum Suppenfleisch, Schmorbraten und zur Hammelkeule. Beim Frühstück zu jedem kalten Fleisch.

Zutaten: 500 Gr. Mais, 3 Eidotter, ¼ Ltr. Öl, 1 Bleichsellerie, 1 Gravensteiner Apfel, 2—3 Eßl. Essig, 1 Teel. Salz, 1 frische Gurke, 2 Eßl. Öl, 1 Eßl. Essig, ½ Teel. Pfeffer, ½ Teel. Salz, ½ Teel. Zucker, 1 Teel. feingehack. Petersilie, 125 Gr. Trüffeln.

Salat Hermelin für 12 Personen. Den Inhalt einer 500-Gr.-Dose Mais schüttet man auf ein Sieb. Man rührt eine Mayonnaise von 3 Eidottern und ¼ Ltr. Öl. Von 1 Bleichsellerie entfernt man die äußeren, schlechten Rippen. Die Knolle schält man, schneidet sie in feine Streifen und ebenso die feinen, gelben Rippen. Man schält 1 Gravensteiner Apfel, schneidet ihn in feine Streifen. Diese Zutaten mischt man mit der Mayonnaise und dem Mais. Nun gibt man nach Geschmack 2 bis 3 Eßl. Essig und, wenn nötig, 1 Teel. Salz dazu. Man richtet den Salat sogleich an. 1 frische Gurke wird in Scheiben und darauf in Streifen geschnitten. Diese Gurkenstreifen werden mit 2 Eßl. Öl, 1 Eßl. Essig, ½ Teel. Pfeffer, ½ Teel. Salz, ½ Teel. Zucker, 1 Teel. feingehackter Petersilie angemacht und als Kranz um den weißen Salat gefüllt. Obenauf legt man 8 rundgeschnittene Trüffelscheiben. Man kann statt der Gurke feingeschnittene Trüffeln herumlegen. Die Zutaten stellt man 3—4 Stunden vor Gebrauch auf Eis; erst beim Anrichten wird Essig und Salz hinzugefügt.

Öl-Ersatz für Kartoffelsalat. Auf 2 gehäufte Teel. Kartoffel- oder Maismehl nimmt man ¼ Ltr. Wasser, bringt dieses unter Rühren ins Kochen. 1 Teel. Salz und 2 Eßl. Essig gibt man dazu, stellt die Masse 5 Minuten zum Auskühlen beiseite. Dann wird 1 Teel. Senf, ½ Teel. roh geriebene Zwiebel dazugegeben.

Zutaten: 2 Teel. Kartoffelmehl, 1 Teel. Salz, ¼ Ltr. Wasser, 2 Eßl. Essig, 1 Teel. Senf, ½ Teel. roh geriebene Zwiebel.

Die in Scheiben geschnittenen Kartoffeln oder verschiedene Gemüse werden mit dieser Tunke gemischt, der Salat halbwarm zu Tisch gebracht. Die Öl-Ersatzmasse kann man auch für jeden Fischsalat verwenden.

Schweizer Salat für 6 Personen. Die Kartoffeln werden mit der Schale gekocht, abgegossen, wenn sie noch heiß sind, abgezogen und in Scheiben geschnitten. Den Sellerie schält man, setzt ihn mit kochendem Wasser an und kocht ihn 1 Stunde. Kurz vor dem Weichwerden gibt man 1 Eßl. Salz dazu. Ist er erkaltet, schneidet man den Sellerie in große Scheiben. Die gewaschene Rotebeet legt man in den heißen Bratofen und bäckt sie 1—2 Stunden, je nach der Größe, zieht die Haut ab und schneidet die Rotebeet in dünne Scheiben. Die Zutaten mischt man mit einer Mayonnaise, welche man gerührt von 3 Eidottern und ¼ Ltr. Öl; nun würzt man den Salat mit ⅛ Ltr. Essig und etwas Salz und garniert ihn mit Feldsalat, Endivien oder Kresse.

Zutaten: 500 Gr. Kartoffeln, 2 Knollen Sellerie, 1 Rotebeet, 1 Eßl. Salz, ⅛ Ltr. Essig, 3 Eidotter, ¼ Ltr. Öl.

Frankfurter Salat für 6 Personen. Äpfel, Salzgurke und Rotebeet werden geschält und in Würfel geschnitten. Vom Sellerie nimmt man die geschälte Knolle und die mittleren, zarten Rippen, die ebenfalls in Würfel geschnitten werden. Senf, Öl, Zucker und Salz rührt man in einer Schüssel 5 Minuten. Dann mischt man die Zutaten in die Tunke und, nachdem alles gut verrührt, gießt man den Essig dazu. Man läßt den Salat 20 Minuten recht kalt stehen. Beim Anrichten legt man einen Kranz von Rapunzeln oder Kresse darum. Auch ist Endivie sehr geeignet als Umlage.

Zutaten: 1 kleine Salzgurke, 1 Bleichsellerie, 2 weiche Prinzäpfel, 65 Gr. gekochte Rotebeet, ¼ Ltr. Öl, 1 gehäufter Teel. Senf, 1 Teel. Salz, 1 Teel. Zucker, ⅛ Ltr. Essig.

Salat americain für 12 Personen. Man bereitet eine Mayonnaise von 3 Eidottern, ¼ Ltr. Öl. 250 Gr. frische Haselnüsse werden gerieben. Dazu fügt man das Innere 1 kleinen Pampelnuß sowie 500 Gr. Ananas, die geschälte Knolle und die zarten Rippen von 2 Bleichsellerie. Diese Zutaten müssen 2 Stunden vor dem Gebrauch auf Eis gestellt und in Streifen geschnitten werden. Erst beim Anrichten sind sie mit der Mayonnaise zu mischen. Außerdem garniert man den Salat mit Brunnenkresse.

Zutaten: 3 Eidotter, ¼ Ltr. Öl, 250 Gr. frische Haselnüsse, 1 Pampelnuß, ½ Kilo Ananas, 2 Bleichsellerie.

Italienischer Salat für 6—10 Personen. Der Apfel und die Gurke werden geschält, in dünne Scheiben und dann in dünne Streifen geschnitten; Hering oder Sardellen werden gewaschen, von Haut und Gräten befreit und die übrigen Zutaten ebenfalls in dünne Streifen geschnitten. Man rührt eine Mayonnaise von 3 Eidottern und ¼ Ltr. Öl, schmeckt diese mit Salz, ½ Teel. Senf und etwas Essig ab. Dann mischt man die Zutaten mit der Mayonnaise und hält den Salat 2—3 Stunden vor dem Gebrauch fertig. Beim Anrichten gibt man etwas Kresse oder kleingeschnittenen Kopfsalat oder Endivien oder Rapunzel darum. Man gibt den Salat beim Frühstück oder Abendessen als Vorgericht.

Zutaten: 250 Gr. Kalbsbraten, 125 Gr. geräucherte, gekochte Ochsenzunge, 1 klein. Hering oder 10 Sardellen, 1 weich. Apfel, 1 kleine Salzgurke, 2 Eßl. feingeschnittene Rotebeet, 65 Gr. geräuch. Lachs, 4 Essigzwetschen, 3 Eidotter, ¼ Ltr. Öl, Salz, ½ Teel. Senf, etwas Essig.

Salat Duala für 12 Personen. 1 Kilo Palmenmark wird in fingerdicke Scheiben geschnitten. 12 gleichmäßig große Scheiben hiervon werden mit je einer kleinen, rund ausgestochenen Trüffelscheibe belegt, mit 1 Eßl. Zitronensaft beträufelt und bis zum Anrichten zugedeckt beiseitegestellt. 250 Gr. Walnüsse werden ausgebrochen und feingehackt, ebenso die übrigen Trüffeln. Von 1 Bleichsellerie entfernt man die äußeren Rippen, die Blätter schneidet man weg, die Knolle wird geschält und gewaschen und hiernach mit den zarten Sellerierippen in feine Streifen geschnitten. 250 Gr. weiche Äpfel schält man und schneidet sie gleichfalls in feine Streifen. Nun rührt man eine Mayonnaise von 3 Eidottern, ¼ Ltr. Öl, 1 Teel. Salz gibt man dazu, und hiernach die feingehackte Nußmasse. Die geschnittenen Zutaten werden mit dieser Mayonnaise gemischt. Die Schüssel mit dem Salat wird 1 Stunde vor dem Anrichten auf Eis gestellt. Beim Anrichten gießt man nach Geschmack 2—3 Eßl. Essig oder Zitronensaft an den Salat und richtet ihn recht hoch in einer Glasschüssel an. Dann belegt man ihn mit den verzierten Palmenmarkscheiben und legt ferner an den inneren Rand der Glasschüssel einen Kranz von Kresse.

Zutaten: 250 Gr. Walnüsse, 1 Kilo Palmenmark, 1 Eßl. Zitronensaft, 125 Gr. Trüffeln, 1 Knolle Bleichsellerie, 250 Gr. weiche Äpfel, 3 Eidotter, ¼ Ltr. Öl, 1 Teel. Salz, 2—3 Eßl. Essig oder Zitronensaft, etwas Kresse.

Salat Lustig für 8—10 Personen. 250 Gr. feste Tomaten werden mit kochendem Wasser gebrüht, die Haut abgezogen und, wenn kalt geworden, in Scheiben geschnitten. 2 Bund Radies, 1 frische Gurke (geschält), in Scheiben geschnitten. 1 Bleichsellerie, wovon man die äußeren Blätter entfernt, schält man dünn ab und schneidet ihn in dünne Streifen; 1 Schote Piment ebenso. Dies alles wird mit 1 Teel. frischen Kräutern gemischt, dann gibt man ¼ Ltr. Öl, 2 Eßl. Essig, Salz nach Geschmack dazu, mischt den Salat und richtet ihn sogleich an; er wird mit Kopfsalat oder Kresse garniert. Sämtliche geschnittenen Teile kann man, noch nicht mit Öl, Salz, Essig angemacht, 2 Stunden vor dem Gebrauch auf Eis stellen.

Zutaten: 250 Gr. feste Tomaten, 2 Bund Radies, 1 frische Gurke, 1 Bleichsellerie, 1 Pimentschote, 1 Teel. frische Kräuter, ¼ Ltr. Öl, 2 Eßl. Essig, 1 Teel. Salz nach Geschmack.

www.ingramcontent.com/pod-product-compliance
Lightning Source LLC
Chambersburg PA
CBHW080839230426
43665CB00021B/2893